Любов:
Изпълнение на Закона

Любов:
Изпълнение на Закона

Д-р Джейрок Лий

Любов: Изпълнение на Закона от Д-р Джейрок Лий
Издадена от Юрим букс (Представител: Sungnam Vin)
73, Шиндейбанг-донг 22, Донгджак-гу, Сеул Ю. Корея
www.urimbooks.com

Всички права запазени. Тази книга или части от нея не могат да бъдат възпроизвеждани в никаква форма, не могат да бъдат записвани във възпроизвеждаща система или предавани чрез електронни, механични, копирни или други видове средства без предварително писмено разрешение на издателя.

Освен ако не е изрично упоменато, всички цитати от Библията са взети от ревизираното издание на БИБЛИЯТА НА СЪВРЕМЕНЕН БЪЛГАРСКИ ЕЗИК на издателство „Верен," © 2000, 2001, използвани с разрешение.

Запазени права © 2020 от Д-р Джейрок Лий
ISBN: 979-11-263-0537-7 03230
Запазени права за превод © 2008 от Д-р Естер К. Чанг. Използван с разрешение.

Първо издание – февруари 2020 г.

Предишно издание на корейски език от Юрим букс, 2002 г.

Редакция Д-р Джюмсан Вин
Дизайн – Издателска къща Юрим букс
Печатна фирма Prione
За повече информация: urimbook@hotmail.com

*„Любовта не върши зло на ближния;
следователно, любовта изпълнява закона.“*

Римляни 13:10

Предговор

Надявам се читателите да притежават Новия Ерусалим чрез духовна любов.

Една рекламна кампания в Обединеното кралство провела обществено проучване за въпроса кой е най-бързият начин за пътуване от Единбург, Шотландия до Лондон, Англия. Имало голяма награда за анкетирания, чийто отговор е избран за най-добър. Избраният отговор бил „да пътуваш с любимия човек". Ясно е, че ако пътуваме в компанията на любими хора, дори и най-дългото разстояние ни се струва кратко. По същия начин, ако обичаме Бог, за нас не е трудно да приложим Словото Му на практика (1 Йоаново 5:3). Бог не ни е дал Закона и не ни е казал да спазваме Неговите заповеди, за да ни причини трудности.

Думата „Закон" произлиза от еврейската дума „Тора", която означава „статути" и „урок". Тора обикновено се отнася до Петокнижието, което съдържа Десетте заповеди. Въпреки това, „Законът" се отнася също до 66-те книги на Библията като цяло или само до Божиите заповеди, които ни казват какво да правим, да не правим, да спазваме или да отхвърлим.

Хората биха помислили, че Законът и любовта не са свързани помежду си, но те са неразделни. Любовта принадлежи на Бога и без да обичаме Бог не можем да спазваме изцяло Закона. Законът може да се изпълняваме само, когато го прилагаме с любов.

Има една история, която ни показва силата на любовта. Един млад мъж се сблъскал, докато летял в пустинята с малък самолет. Баща му бил много богат и наел спасителен екип, за да го търси, но не могли да го намерят. Тогава разпространил хиляди листовки в пустинята, на които пишело: „Сине, обичам те". Синът, който се скитал в пустинята, намерил една от тях и това му дало сили, за да издържи, докато го спасят. Истинската любов на бащата спасила сина му. Така, както бащата разпространил листовките в цялата пустиня, ние също имаме задължението да разпространим Божията любов на безброй души.

Бог доказал Неговата любов като изпратил на земята Своя роден Син Исус, за да спаси хората, които били грешници. Въпреки това, законоведите от времето на Исус се съсредоточавали само върху формалната част на Закона и не разбирали истинската любов на Бога. Накрая проклели единствения роден Син на Бога, Исус, като богохулник, който отхвърлял Закона, и Го разпънали на кръст. Те не разбирали Божията любов, отразена в Закона.

В 1 Коринтяни, глава 13 има добре описан пример на „духовна любов". Записано е за любовта на Бога, който изпратил Неговия единствен роден Син, за да спаси нас, които сме вървяли към смъртта заради греховете и любовта на Господ, който ни обичал до такава степен, че изоставил Неговата небесна слава и умрял на кръста. Трябва да осъзнаем тази духовна любов и да я спазваме, ако ние също искаме да предадем любовта на Бога на многобройни умиращи души по света.

„Нова заповед ви давам, да се любите един другиго; както Аз ви възлюбих, така и вие да се любите един другиго. По това ще познаят всички, че сте Мои ученици, ако имате любов помежду си" (Йоан 13:34-35).

Тази книга е издадена, за да могат читателите да проверят до каква степен са култивирали духовна любов и до каква степен са променили себе си с истината. Благодаря на Джюмсан Вин, директорът на издателската къща и на персонала и се надявам всички читатели да изпълнят Закона с любов и накрая да притежават Новия Ерусалим, най-красивото от небесните обиталища.

Джейрок Лий

Въведение

Надявайки се с Божията истина читателите да се променят чрез култивирането на съвършена любов.

Един телевизионен канал провел анкета за омъжените жени. Въпросът бил дали щели да се омъжат за същия мъж, ако имали възможност да изберат отново. Резултатът бил шокиращ. Само 4 % от жените биха избрали същия съпруг. По всяка вероятност, те се омъжили за съпрузите си, защото са ги обичали. Защо след това променили мнението си? Това е, защото не са обичали с духовна любов. Книгата *Любов: Изпълнение на Закона* ще ни научи за тази духовна любов.

Част 1, „Значение на любовта", разглежда различни форми на любовта, които се срещат между мъжа и жената, родителите и децата и сред приятели и съседи, давайки ни представа за разликата между физическата и духовната любов. Духовната любов означава да обичаме другия човек с неизменно сърце, без да желаем нищо в замяна. От друга страна, физическата любов се променя в различни ситуации и обстоятелства и поради тази причина духовната любов е ценна и красива.

Част 2, „Любов като Глава за любовта", категоризира 1 Коринтяни 13 в три части. Първата част, „Видът Любов, който Бог желае" (1 Коринтяни 13:1-3), е въведението към главата, което поставя ударение върху значението на духовната любов. Втората част, „Характеристики на любовта" (1 Коринтяни 13:4-7), е главната част на Глава за Любовта и ни представя 15-те характеристики на духовната любов. Третата част, „Съвършена любов", е заключителната част на Главата за Любовта, която ни позволява да научим, че вярата и надеждата са необходими временно, докато вървим към небесното царство през нашия живот на тази земя, докато животът продължава вечно, дори и на небесното царство.

Част 3, „Любовта е изпълнение на Закона", обяснява какво означава да изпълним Закона с любов. Тя предава също любовта на Бога, който култивира нас хората на тази земя и любовта на Христос, който открил пътя за спасението ни.

„Глава за любовта" е само една глава от 1,189 глави в Библията. Тя е като карта на съкровището, която ни показва къде да намерим големи количества съкровища, защото ни показва подробно пътя към Новия Ерусалим. Дори и да имаме картата и да знаем пътя, тя е безполезна, ако не спазваме указания маршрут. По-конкретно, тя е безполезна, ако не прилагаме духовна любов.

Бог е удовлетворен от духовната любов и ние ще я притежаваме според степента, в която слушаме и спазваме Божието слово, което е Истината. След като добием духовна любов, ще получим Божията любов и благословии и ще влезем в Новия Ерусалим, най-красивото небесно обиталище. Любовта е главната цел, заради която Бог създал хората и ги култивирал. Моля се всички читатели да обичат първо Бога и после своите ближни като себе си, за да получат ключовете, с които да отворят перлените врати на Новия Ерусалим.

Джюмсан Вин
Директор на издателската къща

Съдържание ∽ *Любов: Изпълнение на Закона*

Предговор · VII

Въведение · XI

Част 1 Значение на любовта

Глава 1: Духовна любов · 2

Глава 2: Физическа любов · 10

Част 2 Любов като в Глава за любовта

Глава 1: Видът Любов, който Бог желае · 24

Глава 2: Характеристики на Любовта · 42

Глава 3: Съвършена Любов · 160

Част 3 Любовта е изпълнението на Закона

Глава 1: Любовта на Бога · 172

Глава 2: Любовта на Христос · 184

„Понеже ако обичате само ония, които обичат вас,

каква благодарност ви се пада?

Защото и грешниците обичат ония,

които тях обичат."

Лука 6:32

Част 1

Значение на любовта

Глава 1 : **Духовна любов**

Глава 2 : **Физическа любов**

Глава 1 — *Духовна любов*

Духовна любов

„Възлюбени, да любим един другиго, защото любовта е от Бога; и всеки, който люби, роден е от Бога и познава Бога. Който не люби, не е познал Бога; защото Бог е любов."

1 Йоаново 4:7-8

Достатъчно е да чуем думата „любов", за да започне сърцето ни да тупти и съзнанието ни да се вълнува. Животът ни ще бъде изпълнен с най-висша степен на щастие, ако обичаме някого и споделяме истинска любов през целия си живот. Понякога слушаме за хора, които са преодолели ситуации като самата смърт и са направили живота си щастлив чрез силата на любовта. Любовта е задължителна, за да водим щастлив живот; тя има голямата сила да промени живота ни.

Онлайн речникът на Merriam-Webster дефинира любовта като „силна привързаност към друг човек, възникваща от роднинство или лични отношения" или „привързаност въз основа на възхищение, благосклонност или общи интереси." Бог говори за любовта, която е на по-високо равнище, а именно духовната любов. Духовната любов търси ползата за другите; тя дава радост, надежда и живот за тях и никога не се променя. Освен това, тя не само ни облагодетелства по време на нашия временен, земен живот, а ръководи душите ни към спасинсто и ни дава вечен живот.

История за една жена, която завела съпруга си в църквата

Имало една жена, която била правоверна в своя живот като християнка. Въпреки това, съпругът й не одобрявал да ходи на църква и й създавал проблеми. Дори и сред такива затруднения, тя всеки ден отивала на срещите за молитва на зазоряване и се молила за съпруга си. Един ден, тя отишла да се моли рано сутринта, носейки обувките на мъжа си. Държейки обувките в скута си, тя се молила със сълзи: „Боже, днес само тези обувки дойдоха в църквата, но следващият път, позволи на собственика на тези обувки да дойде също."

След известно време се случило нещо изумително. Съпругът дошъл в църквата. Тази част от историята продължава, както следва: От определен момент, винаги, когато мъжът излизал от къщи за работа, той чувствал топлина в обувките си. Един ден видял жена си да отива някъде с обувките му и я последвал. Тя влязла в една църква.

Не му станало приятно, но не можел да устои на любопитството. Трябвало да разбере какво правела в църквата с обувките му. Когато влязъл тихо в църквата, жена му се молила, държейки обувките му в скута си. Той подочул молитвата и всяка дума от нея била за неговото благополучие и благословии. Сърцето му се разчуствало и изпитал съжаление за начина, по който се отнасял към жената. В крайна сметка, мъжът бил трогнат от любовта на жена си и станал благочестив християнин.

Повечето съпруги в подобна ситуация обикновено искат да се моля за тях с думите: „Съпругът ми създава проблеми, защото идвам на църква. Моля те, помоли се за мен, за да престане да ме преследва. Тогава отговарям: „Бързо стани праведна и духовна. Това е начинът да разрешиш проблема си." Те ще дадат по-голяма духовна любов на съпрузите си според степента, в която отхвърлят греховете и станат духовни. Кой съпруг ще тормози жена си, която се жертва и му служи от сърце?

В миналото, съпругата би прехвърлила цялата вина на съпруга си, но сега, променена в истината, тя би признала, че сама е виновна и би се смирила. Тогава духовната светлина прогонва тъмнината и съпругът също може да се промени. Кой би се молил за друг човек, ако му създава проблеми? Кой би се пожертвал за немарливи близки и би разпространявал истинска любов за тях? Децата на Бога, които са научили за истинската любов от Господ, осигуряват такава любов на другите.

Неизменна любов и приятелство на Давид и Джонатан

Джонатан бил син на Саул, първият цар на Израел. Когато видял Давид да побеждава с прашка и камък шампиона на Филистимците – Голиат, той разбрал, че Давид бил боец, получил Божия дух. Тъй като самият той бил военен генерал, сърцето му било завладяно от смелостта на Давид. От този момент нататък, Джонатан обичал Давид като самия себе си и те създали много силна приятелска връзка. Джонатан обичал Давид толкова много, че не щадял нищо за него.

Когато спрял да говори на Саул, душата на Джонатан била свързана с душата на Давид и го обичал като самия себе си. Саул го взел в този ден и не му позволил да се върне в дома на баща му. Тогава Джонатан направил съглашение с Давид, защото го обичал като себе си. Той съблякъл мантията, която била на него и я дал на Давид, заедно с дрехите си, включително меча, лъка и пояса (1 Царе 18:1-4).

Джонатан бил наследник на трона като първороден син на цар Саул. Той би могъл да мрази Давид, когото хората много обичали, но нямал никакво желание за царската титла. Вместо това, когато Саул се опитал да убие Давид, за да запази трона си, Джонатан рискувал собствения си живот, за да го спаси. Такава любов е неизменна до смъртта. Давид тъгувал и постил цял ден, когато Джонатан загинал в битката на Гилбоа.

Преоскърбен съм за тебе Ионатане, брате мой!; Рачителен ми беше ти; Твоята любов към мене беше чудесна, Превъзхождаше любовта на жените (2 Царе 1:26).

След като Давид станал цар, той намерил Мемфивостей – единственият син на Джонатан, върнал му всички притежания на Саул и се грижил за него като за собствен син в двореца (2 Царе 9). Ето защо, духовната любов означава да обичаме другия човек с неизменно сърце с целия си живот, дори и да не се облагодетелстваме от това, а да сме ощетени. Истинската любов не означава просто да бъдем любезни, за да получим нещо в замяна. Духовната любов означава да се пожертваме и да продължим да даваме на другите безусловно, с чисти и истински мотиви.

Неизменната Любов на Бога и на Господ към нас

Повечето хора изпитват раздираща сърцето болка, заради физическата любов в живота си. Има някой, който ни утешава и става наш приятел, когато изпитваме болка и се чувстваме самотни заради непостоянната любов. Това е Господ. Той бил презрян и пренебрегнат от хората, въпреки че бил невинен (Исая 53:3), затова много добре разбира сърцата ни. Той пренебрегнал Своята небесна слава и слязъл на тази земя, за да поеме пътя на страданията. По този начин станал наш истински утешител и приятел. Той ни дал истинска любов, докато умрял на кръста.

Преди да стана вярващ в Бога, страдах от много болести и напълно изпитах болката и самотата, причинени от бедността. След като боледувах в продължение на седем дълги години, всичко, което имах, беше едно болно тяло, непрекъснато растящи дългове, презрението на хората, самота и отчаяние. Напуснаха ме всички, на които вярвах и обичах. Все пак, някой дойде при мен, когато се чувствах напълно сам в цялата вселена. Това беше Бог. Когато срещнах Бог, веднага бях излекуван изцяло от болестите и започнах да водя нов живот.

Любовта, която Бог ми даде, беше безплатен подарък. Не го обичах първи. Той първи ме доближи и протегна ръцете Си към мен. Когато започнах да чета Библията, аз чух признанието на Божията любов към мен.

Може ли жена да забрави сучещото си дете, та да се не смили за чадото на утробата си? Обаче те, ако и да забравят, Аз все пак няма да те забравя. Ето, на дланите Си съм те врязал; Твоите стени са винаги пред Мене (Исая 49:15-16).

В това се яви Божията любов към нас, че Бог изпрати на света Своя единороден Син, за да живеем чрез Него. В това се състои любовта, не че ние сме възлюбили Бога, но че Той възлюби нас и прати Сина Си като умилостивение за греховете ни (1 Йоаново 4:9-10).

Бог не ме изостави, дори и когато се борих в моите страдания, след като всички ме изоставиха. Не бях в състояние да спра сълзите от очите си, когато почувствах любовта Му. Не чувствах истинска любовта на Бога, заради болките, които изпитвах. Станах пастор, служител на Бога, за да утеша сърцата на много души и да се отплатя за благоволението, което Бог ми даде.

Бог е самата любов. Той изпратил на тази земя Своя роден Син Исус за нас, грешниците и Той ни чака, за да отидем на небесното царство, където е поставил толкова красиви и ценни неща. Ще почувстваме нежната и изобилна любов на Бога, ако открием сърцата си поне малко.

Понеже от създанието на света, това, което е невидимо у Него, сиреч вечната Му сила и божественост, се вижда ясно, разбираемо чрез творенията; така щото, човеците остават без извинение (Римляни 1:20).

Защо просто не се замислите за красивата природа? Синьото небе, ясното море, всички дървета и растения са неща, които Бог направил за нас, за да можем, докато живеем на тази земя, да имаме надежда за небесното царство, докато отидем там.

От вълните, докосващи морския бряг; от звездите, трепкащи сякаш танцуват; от силния тътен на големите водопади и от бриза, преминаващ покрай нас – чувстваме дъха на Бога, който ни казва „Обичам те". След като сме били избрани като деца на този жив Бог, какъв вид любов трябва да имаме? Трябва да имаме вечна и истинска любов, а не незначителна любов, която се променя, ако ситуацията не е изгодна за нас.

Физическа любов

„Понеже ако обичате само ония, които обичат вас, каква благодарност ви се пада? Защото и грешниците обичат ония, които тях обичат."
Лука 6:32

Човек е изправен пред голяма тълпа, гледайки към Галилейско море. Сините вълни на морето зад Него изглеждат сякаш танцуват с нежния бриз. Всички хора притихнали, за да чуят думите Му. На тълпата от хора, разпръснати на малкия хълм, Той казал да станат светлината и солта на света и да обичат дори враговете си с нежен, но решителен тон.

Понеже ако обичате само ония, които обичат вас, каква благодарност ви се пада? Не правят ли това и бирниците? И ако поздравявате само братята си, какво особено правите? Не правят ли това и езичниците? (Матей 5:46-47).

Както Исус казал, невярващите и дори грешниците, могат да покажат любов към онези, които са добри с тях и от които имат полза. Това е фалшива любов, която изглежда праведна привидно, но не е истинска вътрешно. Физическата любов се променя с времето, напуква се и се разпада на части, дори и от дребните неща.

Физическата любов не остава същата с течение на времето. Ако ситуацията се промени или обстоятелствата са различни, физическата любов се променя. Хората често реагират различно според полученото предимство или ползи. Хората дават само, когато първо са получили от другите или само, ако отдаденото им носи полза. Ние също имаме физическа любов, ако отдаваме и желаем да получим същото в замяна или се чувстваме разочаровани, когато другите не ни дават нищо от своя страна.

Любов между родители и деца

Любовта на родителите, които непрекъснато дават на своите деца, трогва сърцата на много хора. Родителите не казват, че е трудно да се грижат за децата си, защото ги обичат. Желанието им обикновено е да дадат добри неща на децата си, дори и това да означава да не се хранят добре или да не носят хубави дрехи. Въпреки това, в сърцето на родителя, който обича децата си, все още има място за собственото благополучие.

Ако наистина обичат децата си, родителите трябва да са способни да отдадат своя живот за тях, без да искат нищо в замяна. В действителност, много родители отглеждат децата си за собствена изгода и чест. Те твърдят: „Казвам това за твое собствено добро", но всъщност се опитват да контролират децата си, за да отговорят на собствените им очаквания за слава или за парично облагодетелстване. Когато децата изберат кариера или създадат семейство с някого, когото родителите не приемат, последните много се противопоставят и остават разочаровани. Това доказва, че в крайна сметка тяхната всеотдайност и пожертвувателност за децата им е условна. Те се опитват да получат това, което искат, чрез децата в замяна на любовта, която са им отдали.

Любовта на децата обикновено е много по-малка от тази на родителите. Има една корейска приказка: „Ако родителите боледуват дълго време, всички деца ще ги напуснат." За децата е все по-трудно да се справят, ако трябва да се грижат за родителите, които са болни и стари и нямат шанс да оздравеят.

Когато са още малки, те дори казват: „Аз няма да се задомявам и просто ще живея с вас, мамо и татко." Възможно е наистина да искат да живеят със своите родители до края на живота си, но с годините стават все по-малко заинтересовани от тях, защото са заети с изкарването на собствения си хляб. Сърцата на хората са толкова закоравели за греховете понастоящем и злото преобладава в такава степен, че понякога родителите убиват децата си или децата убиват своите родители.

Любов между мъжа и жената

Каква е любовта между влюбените? Докато излизат заедно, те си казват мили неща, като: „Не мога да живея без теб." „Ще те обичам завинаги." Какво се случва, след като се оженят? Те негодуват срещу своята половинка и казват: „Не мога да живея, както искам, заради теб. Ти ме измами."

Преди това изразяват любовта си един към друг, но след брака, често споменават за раздяла или развод, просто защото считат, че техните среди, образование или личностни характеристики не си подхождат. Ако храната не е по вкуса на съпруга, той се оплаква: „Каква е тази храна? Няма нищо за ядене!" Също така, ако съпругът не печели достатъчно пари, жената недоволства: „Мъжът на една приятелка вече е повишен за директор и мъжът на друга – за изпълнителен директор... Кога ще те повишат... друга моя приятелка си купи по-голяма къща и чисто нова кола, а ние какво? Кога ще имаме нещо по-добро?"

Според статистиките за домашно насилие в Корея, почти половината от всички семейства използват домашно насилие срещу половинката си. Толкова много семейни двойки загубват първата любов, която са имали, мразят се и се карат взаимно. Някои двойки в днешно време се разделят още по време на медения си месец! Скъсява се също средната продължителност от време между брака и развода. Отначало считат, че обичат много партньора си, но когато живеят заедно, откриват отрицателни качества помежду си. Тъй като имат различен начин на мислене и различни вкусове, непрекъснато се карат по един или друг въпрос. По този начин, всички чувства, които те са считали за любов, се охлаждат.

Дори и да нямат значителни проблеми помежду си, те свикват един с друг и емоцията от първата любов се охлажда с времето. Тогава започват да се заглеждат по други мъже и жени. Съпругът е разочарован от съпругата си, която е рошава сутрин, остарява и надебелява и вече не я намира за очарователна. Любовта трябва да се задълбочи с течение на времето, но в повечето случаи не е така. В крайна сметка, промените в тях подкрепят факта, че тази любов е била физическа любов, която търси собствената полза.

Любов между братя

Братята и сестрите, родени от едни и същи родители и отгледани заедно, имат по-близки отношения помежду си от тези с другите хора Те разчитат един на друг, защото са споделили много неща и са натрупали взаимна любов.

Въпреки това, някои братя и сестри се конкурират и си завиждат.

Първородният брат или сестра лесно може да почувства, че предназначената за него/нея родителска любов сега му/й е отнета, за да я получи по-малкия брат или сестра. Второто дете може да изпитва неувереност, защото чувства, че не е на равнището на своя по-голям брат или сестра. Онези братя и сестри, които имат по-големи и по-малки братя или сестри, изпитват едновременно чувство на малоценност спрямо по-големите и товар, който трябва да отстъпят на по-малките. Възможно е също да се чувстват като жертви, защото не са способни да привлекат вниманието на своите родители. Ако братята и сестрите не се справят правилно с тези чувства, вероятно е да имат неблагоприятни отношения със своите братя и сестри.

Първото убийство в историята на човечеството също било извършено между братя. То било предизвикано от завистта на Каин към по-малкия му брат Авел относно Божите благословии. Винаги от тогава, между братята и сестрите има непрекъснати битки и борби в историята на човечеството. Йосиф бил мразен от своите братя, които го продали като роб в Египет. Синът на Давид, Авесалом, заповядал на един от хората си да убие неговия брат Амнон. Много братя и сестри в днешно време спорят за наследените пари от своите родители. Те стават врагове помежду си.

Макар и не толкова сериозно, колкото в горепосочените случаи, когато се оженят и създадат свои собствени семейства, те не са способни да обърнат същото внимание на братята и сестрите си, както преди. Аз съм най-малкият син от шест братя и сестри. Моите по-големи братя и сестри ме обичаха много, но ситуацията се промени, когато останах на легло в продължение на седем дълги години, поради множество заболявания. Превърнах се в голямо бреме за тях. Опитаха се да излекуват болестите ми за известно време, но вече нямаше надежда да оздравея и ми обърнаха гръб.

Любов сред съседи

Корейците имат следния израз: „Съседи братовчеди". Това означава, че нашите съседи са толкова близки, колкото и приятелите. В миналото, когато повечето хора били фермери, те оценявали високо своите съседи, защото си помагали взаимно. В днешно време, този израз все повече губи своята актуалност. Хората държат вратите си затворени и заключени, дори и за своите съседи и използват сложни системи за сигурност. Хората вече не знаят кой живее в съседния апартамент.

Тях не ги е грижа за другите и нямат никакво намерение да открият кои са техните съседи. Интересуват се само от себе си и само от най-близките членове на семействата им. Нямат доверие един на друг. Също така, ако считат, че съседите им причиняват някакво неудобство, щета или нараняване, не се колебаят да ги изолират или да се бият с тях. Днес има много хора, които са съседи и се съдят взаимно за незначителни неща. Един човек прободе с нож своя съсед от горния етаж, заради шума, който вдигал.

Любов сред приятели

Каква е любовта между приятели? Възможно е да мислите, че един приятел винаги ще остане на Ваша страна. Въпреки това, дори и този, когото считате за приятел, може да Ви предаде и да Ви остави с разбито сърце.

В някои случаи човек моли своите приятели да му заемат голяма сума пари или да му станат гаранти, за да не фалира. Ако приятелите му откажат, той казва, че са го предали и че не иска да ги вижда никога повече. Кой не реагира правилно в този случай?

Не можете да причините никаква болка на Вашия приятел, ако наистина го обичате. Ако има опасност да фалирате и Вашите приятели гарантират за Вас, те и техните близки ще страдат с Вас. Любов ли е да подложите Вашите приятели на подобен риск? Това не е любов. Въпреки това, тези неща се случват много често в днешно време. Освен това, Божието слово ни забранява да заемаме, да отдаваме пари или да гарантираме за някого. Когато не спазваме тези Божи заповеди, в повечето случаи има дела на Сатаната и всички участващи ще претърпят щети.

Сине мой, ако си станал поръчител за ближния си или си дал ръка за някой чужд, ти си се впримчил с думите на устата си, хванат си с думите на устата си (Притчи 6:1-2).

Не бъди от тия, които дават ръка; от тия, които стават поръчители за дългове (Притчи

22:26).

Някои хора мислят, че е разумно да направят приятели, въз основа на това, което могат да получат от тях. Известно е, че в днешно време е много трудно да намерим човек, който с готовност отдава своето време, усилие и пари, ръководен от истинска любов към своите съседи или приятели.

Имах много приятели от детството. Преди да стана вярващ в Бога, считах, че предаността между приятелите е толкова важна, колкото и животът ми. Мислех, че приятелството ни ще продължи завинаги. Въпреки това, когато легнах болен за дълго време, разбрах добре, че тази любов между приятелите също се променя според ползата им.

Отначало, приятелите ми направиха известно проучване, за да намерят добри лекари или добри народни лекарства и ме заведоха при тях, но не оздравях изцяло и ме изоставиха един по един. По-късно, единствените приятели, които имах, бяха другарите ми за пиене и хазарт. Тези приятели не дойдоха при мен, защото ме харесваха, а само защото се нуждаеха от място, където да останат за малко. Дори и когато изпитват физическа любов, хората казват, че се обичат, но това бързо се променя.

Колко хубаво би било, ако родителите и децата, братята и сестрите, приятелите и съседите, не търсеха собствената печалба и никога не променяха отношението си? Това би означавало, че изпитват духовна любов. В повечето случаи хората не изпитват духовна любов и не откриват истинска удовлетвореност от нея. Те търсят любов от членовете на своите семейства и от хората около тях. Продължавайки да правят това, те само ще ожаднеят повече за любов, сякаш пият морска вода, за да утолят жаждата си.

Блес Паскал казал, че в сърцето на всеки човек има вакум с Божествена форма, който не може да бъде запълнен с нищо създадено, освен с Бога, Създателя, за когото научаваме от Исус. Не можем да почувстваме истинска удовлетвореност и страдаме от чувство за незначителност, докато това пространство не бъде запълнено от Божията любов. Означава ли това, че на този свят няма духовна любов, която никога не се променя? Не, не означава. Духовната любов не е обичайна, но определено съществува. 1 Коринтяни, глава 13 изрично говори за истинската любов.

Любовта дълго търпи и е милостива; любовта не завижда; любовта не се превъзнася, не се гордее, не безобразничи, не търси своето, не се раздразнява, не държи сметка за зло, не се радва на неправдата, а се радва заедно с истината, всичко премълчава, на всичко хваща вяра, на всичко се надява, всичко търпи (1 Коринтяни 13:4-7).

Бог нарича този вид любов духовна и истинска любов. Ще имаме духовна любов, ако познаваме любовта на Бога и се променим с истината. Нека да имаме духовна любов, с която да се обичаме помежду си от все сърце и неизменно, дори и това да не носи полза, а вреда.

Начини да проверим духовната любов

Някои хора погрешно мислят, че обичат Бога. За да проверим степента, в която сме култивирали истинска духовна любов и любовта на Бога, можем да изследваме чувствата и действията, които сме имали, когато сме преминали през пречистващи изпитания, проверки и трудности. Можем да разберем до каква степен сме култивирали истинска любов, като проверим дали наистина се радваме и благодарим от все сърце и непрекъснато следваме Божията воля.

Ние нямаме духовна любов, ако се оплакваме и негодуваме от ситуацията, ако търсим светски методи и разчитаме на хората. Това доказва, че нашето знание за Бога е само интелектуално, а не знание, което сме вложили и култивирали в сърцата си. Така, както фалшивата банкнота изглежда истинска, но в действителност е само лист хартия, не е истинска любовта, която е известна само като знание. Тя няма никаква стойност. Ако нашата любов към Господ е неизменна и ако разчитаме на Бога във всяка ситуация и всякакви трудности, тогава можем да кажем, че сме култивирали истинска, тоест духовна любов.

„*И тъй, остават тия трите: вяра, надежда и любов;
но най-голяма от тях е любовта.*"

1 Коринтяни 13:13

Част 2

Любов като в Глава за любовта

Глава 1 : Видът Любов, който Бог желае

Глава 2 : Характеристики на Любовта

Глава 3 : Съвършена Любов

Видът Любов, който Бог желае

*„Ако говоря с човешки и ангелски езици, а любов нямам,
аз съм станал мед що звънти, или кимвал що дрънка.
И ако имам пророческа дарба,
и зная всички тайни и всяко знание,
и ако имам пълна вяра, тъй щото и планини да премествам,
а любов нямам, нищо не съм.
И ако раздам всичкия си имот за прехрана на сиромасите,
и ако предам тялото си на изгаряне,
а любов нямам, никак не ме ползува."*

1 Коринтяни 13:1-3

Следва описание на инцидент, който се случил в едно сиропиталище в Южна Африка. Децата се разболявали прогресивно едно по едно и броят им се увеличавал. Не могли да открият никаква конкретна причина за тяхното заболяване. Сиропиталището поканило някои известни лекари, за да им поставят диагноза. След подробно изследване, лекарите казали: „Докато са будни, прегърнете децата и изразете любов към тях в продължение на десет минути."

За тяхна изненада, безпричинните болести започнали да изчезват. Това било защото децата се нуждаели преди всичко от гореща любов. Без любов не бихме имали надежда или воля за живот, дори и да не се налага да се тревожим за препитанието си и да живеем в изобилие. Любовта е най-важният фактор в живота ни.

Значение на духовната любов

Тринадесетата глава на 1 Коринтяни, която е наречена Глава за любовта, поставя на първо място значението на любовта, преди да обясни подробно какво е духовната любов. Така е, защото ако говорим с човешки и ангелски езици, а нямаме любов, ние сме станали мед що звънти, или кимвал що дрънка.

„Човешки езици" не означава да говорим на езици като една от дарбите на Светия дух. Това означава всички езици на хората, които живеят на земята, като английски, японски, френски, руски и т.н. Цивилизацията и познанието са систематизирани и предавани чрез езика и затова можем да твърдим, че силата на езика наистина е огромна. Чрез езика сме способни също да изразим и да предадем нашите емоции и мисли, за да убедим или да докоснем сърцата на много хора. Човешките езици имат силата да мотивират хората и да се постигнат много неща.

„Ангелски езици" се отнася за красивите думи. Ангелите са духовни същества и представляват „красота". Когато някои хора произнасят красиви думи с хубави гласове, хората ги описват като ангелски. Въпреки това, Бог казва, че дори красивите думи на хората или на ангелите са само мед що звънти, или кимвал що дрънка, ако няма любов (1 Коринтяни 13:1).

В действителност, твърдият, солиден къс стомана или мед не издава силен шум, когато е ударен. Ако едно парче мед издава силен шум, това означава, че е кухо отвътре или тънко и леко. Кимвалите издават силен звук, защото са направени от тънко парче месинг. Същото е и с хората. Ние имаме стойност, сравнима с пшеницата, само когато станем истински синове и дъщери на Бога, изпълвайки сърцата ни с любов. От друга страна, хората, които нямат любов, са просто като празна плява. Защо е така?

1 Йоаново 4:7-8 гласи: *„Възлюбени, да любим един другиго, защото любовта е от Бога; и всеки, който люби, роден е от Бога и познава Бога. Който не люби, не е познал Бога; защото Бог е любов."* По-конкретно, хората, които не обичат, нямат нищо общо с Бога и те са просто като плявата, в

която няма зърно.

Думите на такива хора нямат стойност, дори и да са красиви и красноречиви, защото не могат да дадат истинска любов или живот на другите. Те само причиняват неудобство на други хора като мед що звънти, или кимвал що дрънка, защото са леки и празни отвътре. От друга страна, думите, които съдържат любов, имат удивителната сила да дават живот. Можем да открием тези доказателства в живота на Исус.

Значителната любов дава живот

Един ден Исус проповядвал в Храма и писарите и фарисеите довели при Него една жена, хваната в извършване на прелюбодеяние. Нямало и помен от състрадание в очите на онези писари и фарисеи, които я завели при Него.

Те казали на Исус: *„Учителю, тази жена биде уловена в самото дело на прелюбодейство, а Моисей ни е заповядал в закона да убиваме такива с камъни; Ти, прочее, що казваш за нея?"* (Йоан 8:4-5).

Законът в Израел е Словото и Законът на Бога. Той има клауза, гласяща, че прелюбодейците трябва да бъдат убити с камъни. За да каже Исус да я убият с камъни съгласно Закона, би означавало да влезе в противоречие със собствените Си думи, защото Той проповядвал на хората да обичат дори враговете си. За да каже да й простят би било в нарушение на Закона. Това би означавало да противоречи на Божието слово.

Писарите и фарисеите били горди от себе си, мислейки, че вече имали възможност да разобличат Исус. Познавайки сърцата им много добре, Исус просто се навел и написал нещо на земята с пръста Си. След това се изправил и обявил: *„Който от вас е безгрешен, нека пръв хвърли камък на нея"* (Йоан 8:7).

Когато Исус отново се навел и написал нещо на земята с пръста Си, хората си тръгнали един по един и останали само жената и самият Исус. Исус спасил живота на тази жена без да наруши Закона.

Привидно, казаното от писарите и фарисеите не било погрешно, защото те просто посочили какво гласял Божият закон. Въпреки това, мотивът в сърцата им бил много различен от този на Исус. Те се опитвали да навредят на другите, докато Исус се опитвал да спаси душите.

Ако имаме сърце като това на Исус, ние ще се молим, мислейки кои думи биха дали сила на другите и биха ги повели към истината. Ще опитаме да дадем живот с всяка изговорена дума. Някои хора се опитват да убедят другите с Божието слово или да поправят поведението им, посочвайки техните недостатъци и грешки, които според тях не са добри. Дори и да имат право, те не могат да причинят промени в другите хора или да им дадат живот, ако думите не са изговорени с любов.

Следователно, винаги трябва да проверяваме дали говорим с нашите собствени убеждения и стереотипи или думите ни са породени от любов, за да дадат живот на другите.

Вместо гладко изречени, думите, съдържащи духовна любов, могат да станат вода на живота, за да погасят жаждата на душите и скъпоценни камъни, които доставят радост и утешават страдащите души.

Любов с пожертвувателни дела

Като цяло, „пророчество" означава да говорим за бъдещи събития. В библейски смисъл това означава да получим сърцето на Бога с вдъхновението на Светия дух за конкретна цел и да говорим за бъдещи събития. Пророчеството не е нещо, което може да се направи според волята на човека. 2 Петрово 1:21 гласи: „...*защото никога не е идвало пророчество от човешка воля, но светите човеци са говорили от Бога; движими от Светия Дух.*" Дарбата на пророчеството не се отдава случайно на всекиго. Бог не отдава тази дарба на човек, който не е праведен, защото може да се възгордее.

„Дарбата на пророчеството" в главата за любовта не е дарба, която се отдава на няколко специални хора. Това означава, че всеки, който вярва в Исус Христос и живее в истината, може да предвиди и да разкаже за бъдещето. По-конкретно, когато Господ се завърне във въздуха, спасените ще бъдат издигнати във въздуха и ще участват в седем-годишното сватбено тържество, докато онези, които не са спасени, ще страдат по време на седем-годишните мъки на тази земя и ще попаднат в Ада след съда на Великия бял трон.

Въпреки че всички деца на Бога имат дарбата на пророчеството, за да „говорят за бъдещи събития", не всички от тях имат духовна любов. В крайна сметка, ако нямат духовна любов, те ще променят отношението си за собствена полза и следователно, дарбата на пророчеството няма да ги облагодетелства с нищо. Самата дарба не може да даде, нито да превиши любовта.

Защото словото на кръста е безумие за тия, които погиват; а за нас, които се спасяваме, то е Божия сила (1 Коринтяни 1:18). Словото на кръста е провидението за човешкото спасение, направено от Бога преди вековете, под Неговата върховна власт. Бог знаел, че хората щели да извършат грехове и да тръгнат по пътя на смъртта. Поради тази причина Той подготвил Исус Христос, който да стане Спасител, дори преди вековете. Бог пазил в тайна това провидение до неговото изпълнение. Защо направил това? Обаче, ние поучаваме мъдрост между съвършените, ала не мъдрост от тоя век, нито от властниците на тоя век, които преминават; но поучаваме Божията тайнствена премъдрост, която е била скрита и предопределена от Бога преди вековете да ни докарва слава. Никой от властниците на тоя век не я е познал; защото, ако я бяха познали, не биха разпнали Господа на славата (1 Коринтяни 2:6-8). Врагът дявол и Сатаната считали, че щели да бъдат способни завинаги да запазят властта, която получили от Адам, ако убиели Исус. Въпреки това, пътят на спасението бил открит, защото подбудили злите хора и убили Исус! Дори и да знаем такава голяма мистерия, познанието за нея с нищо не ни облагодетелства, ако нямаме духовна любов.

Същото е със знанието. Тук терминът „цялото знание" не се отнася за академичната наука. Отнася се за знанието за Бога и за истината в 66-те книги на Библията. След като научим за Бога от Библията, трябва също да Го срещнем, да Го изпитаме лично и да Му повярваме от все сърце. В противен случай знанието за Божието слово ще остане само като ограничено знание в главата ни. Възможно е дори да използваме знанието по неблагоприятен начин, например, да съдим и да критикуваме другите. Следователно, знанието без духовна любов, не ни облагодетелства с нищо.

Ами ако имаме толкова голяма вяра, че да е възможно да преместим планина? Да имаме голяма вяра не означава непременно да имаме голяма любов. Защо размерите на вярата и на любовта не си съответстват точно? Вярата може да порасне като видими чудеса и знамения и делата на Бога. Петър видял множество чудеса и знамения, изпълнени от Исус и поради тази причина бил способен също да върви, макар и за момент, върху водата, защото Исус вървял върху нея. По онова време Петър нямал духовна любов, защото все още не бил получил Светия дух. Той все още не бил пречистил сърцето си, отхвърляйки греховете. Ето защо, когато животът му бил застрашен, той се отрекъл три пъти от Исус.

Можем да разберем защо вярата ни израства чрез опита, но духовната любов идва в сърцата ни само когато имаме усилията, всеотдайността и пожертвуванията, за да отхвърлим греховете. Това не означава, че няма пряка връзка между духовната вяра и любовта. Способни сме да се опитаме да отхвърлим греховете и да обичаме Бога и душите, защото имаме вяра. Въпреки това, без делата, с които действително да приличаме на Господ и да култивираме истинска любов, нашата работа за Божието царство няма да има нищо общо с Бог, независимо колко праведни се стремим да бъдем. Ще бъде точно, както Исус казал: *„Но тогава ще им заявя: Аз никога не съм ви познавал; махнете се от Мене вие, които вършите беззаконие"* (Матей 7:23).

Любов, която носи Небесни награди

Обикновено, към края на годината, много организации и индивиди даряват пари за излъчване по радиото и телевизията или за кампании в пресата в помощ на нуждаещите се. Какво ще стане, ако имената им не са споменати в пресата или медиите? Вероятно е да няма толкова много хора и фирми, които все още да правят дарения.

Исус казал в Матей 6:1-2: *„Внимавайте да не вършите делата на правдата си пред човеците, за да ви виждат; инак нямате награда при Отца си, който е на небесата. И тъй, когато правиш милостиня, не тръби пред себе си, както правят лицемерите по синагогите и по улиците, за да бъдат похвалявани от човеците; истина ви казвам: Те са получили вече своята награда."* Ако помагаме на другите, за да получим почит от хората, ще бъдем почитани за момент, но няма да получим никакви награди от Бога.

Това дарение е само за лично удовлетворение или за да се гордеем с него. Ако човек извършва благотворителна дейност само формално, сърцето му ще се издига все повече, докато получава повече похвали. Ако Бог благослови такъв човек, той може да счита себе си за праведен за Бога. Тогава няма да пречисти сърцето си и това само ще му навреди. Ако извършвате благотворителни работи с любов към Вашите съседи, Вие няма да се интересувате дали другите хора Ви признават или не. Така е, защото вярвате, че Бащата Бог, който вижда какво правите тайно, ще Ви възнагради (Матей 6:3-4).

Благотворителните дейности в Господ не означават само да удовлетворите основни нужди като дрехи, храна и дом. Това означава повече да осигурим духовния хляб, за да спасим душата. В днешно време, независимо дали има вярващи в Господ или не, много хора казват, че ролята на църквата е да помага на болните, пренебрегнатите и бедните. Това не е грешно разбира се, но първите задължения на църквата са да проповядва евангелието и да спасява душите, за да постигнат духовен мир. Крайната цел на благотворителните дейности се съдържа в тези цели.

Следователно, когато помагаме на другите, много е важно да извършваме правилно благотворителната дейност с ръководството на Светия дух. Ако определен човек получи неправомерна помощ, за него ще бъде по-лесно да се отдалечи още повече от Бога. В най-лошия възможен сценарий, това може дори да го насочи по пътя към смъртта. Например, ако помогнем на онези, които са станали бедни поради прекомерно пиене и хазарт или онези, които са затруднени, защото са се противопоставили на Божията воля, тогава помощта ще ги накара да тръгнат още повече по грешния път. Разбира се, това не означава, че не трябва да помагаме на онези, които не вярват. Трябва да помагаме на невярващите, предавайки им любовта на Бога. Не трябва да забравяме, че главната цел на благотворителните дейности е да проповядваме евангелието.

В случай на нови вярващи, които имат слаба вяра, много е важно да ги укрепим, докато вярата им порасне. Понякога, дори сред онези, които имат вяра, някои хора имат вродени недостатъци или болести, или са преживели инциденти, които не им позволяват да живеят независимо. Има също възрастни граждани, които живеят сами или деца, които трябва да издържат домакинството в отсъствието на родителите. Възможно е тези хора да изпитват отчаяна нужда от благотворителни дейности. Ако помогнем на онези, които изпитват нужда, Бог ще направи душата ни преуспяваща и всички неща ще вървят добре за нас.

В Деяния, глава 10, Корнилий е човек, който е получил благословия. Корнилий се страхувал от Бога и помагал много на евреите. Той бил стотник, висока длъжност в армията, управляваща Израел. В неговото положение било трудно да помага на местните хора. Евреите изпитвали голямо подозрение към това, което правил и колегите му също били критични. Въпреки това, той се страхувал от Бога и не прекратил добрите дела и благотворителността. Бог видял всичките му дела и изпратил Петър в домакинството му, така че не само неговото семейство, а и всички онези, които били с него в дома му, получили Светия дух и спасение.

С духовната любов трябва да се извършват не само благотворителни дела, но и приношения на Бога. В Марко 12, четем за една вдовица, която била възхвалявана от Исус, защото направила приношение от все сърце. Тя дала само две медни монети, което било всичко, което имала, за да преживее. Защо Исус я похвалил? Матей 6:21 гласи: „... *защото гдето е съкровището ти, там ще бъде и сърцето ти.*" Както е записано, вдовицата дала всички си средства, което означава, че цялото й сърце било към Бога. Това бил израз на нейната любов към Него. От друга страна, Бог не харесва даренията, направени неохотно или познавайки отношенията и мненията на другите хора. Впоследствие, такива дарения не облагодетелстват дарителя.

Нека сега да говорим за самопожертвуванието. Да „предадем тялото си на изгаряне" тук означава „да се пожертваме изцяло." Обикновено пожертвуванията са направени от любов, но невинаги е така. Какви са пожертвуванията, направени без любов?

Да се оплакваме за различни неща, след като сме направили Божието дело, е пример за пожертвуване без любов. Така е, когато сте изразходвали всичките си сили, време и пари за делата на Бога, но никой не го признава и не ви хвали, затова съжалявате и се оплаквате. Така е, когато виждате вашите колеги и чувствате, че те не са толкова усърдни като вас, въпреки че претендират да обичат Бог и Господ. Възможно е дори да си кажете, че те са мързеливи. В крайна сметка, това е само вашето осъждане и критика за тях.

Това отношение тайно въплъщава желанията вашите достойнства да бъдат разкрити пред другите, да бъдат оценени от тях и да се хвалите гордо с вашата праведност. Този вид пожертвувание може да наруши мира между хората и да причини силно разочарование за Бога. Ето защо пожертвуванието без любов не носи никаква полза.

Възможно е да не се оплаквате външно с думи. Но ако никой не признава вашите праведни дела, вие ще бъдат обезкуражени и ще мислите, че сте нищожни и Вашето усърдие за Господ става студено. Възможно е да се обезсърчите и да обвините хората, които ви критикуват, ако някой посочи грешки и недостатъци в делата, които сте постигнали с всички сили, които сте извършили дори с цената на вашето пожертвувание. Когато някой получи повече плодове от вас и е оценен и благоприятстван от другите, вие започвате да изпитвате ревност и завист към него. Тогава няма да постигнете истинска радост във вас, независимо колко предани и старателни сте били. Можете дори да изоставите вашите задължения.

Някои хора са усърдни само, когато другите гледат. Когато никой не ги гледа и забелязва, те стават мързеливи, вършат работите си нехайно или неправилно. Вместо думи, които не се спазват привидно, те се опитват само да извършват дела, които са много видни за другите. Така е заради желанието им да покажат себе си пред по-старшите и много други, които да ги похвалят.

Следователно, ако един човек има вяра, как е възможно да направи пожертвувания, лишени от любов? Така е, защото му липсва духовна любов. Липсва му чувство за собственост, вярвайки в сърцето си, че това, което е на Бога е негово и това, което е негово, е на Бога.

Например, сравнете двата случая, когато един земеделец обработва собствената си нива и един селянин, който работи на чуждата нива срещу заплащане. Когато земеделецът работи на собствената си нива, той с готовност се труди от сутринта до късна вечер. Той не пропуска нито една земеделска задача и прави всичко безпогрешно. Когато наетият селянин работи на полето, което принадлежи на друг човек, той не изразходва цялата си енергия, трудейки се, а вместо това желае слънцето да залезе възможно най-бързо, за да получи своята надница и да се върне вкъщи. Същият принцип се отнася и за Божието царство. Ако хората нямат любов към Бога в сърцата си, те ще се трудят за Него повърхностно като наети работници, които просто искат своите надници. Те ще стенат и ще се оплакват, ако не получат надниците, които очакват.

Ето защо, в Колосяни 3:23-24 пише: *"Каквото и да вършите, работете от сърце, като на Господа, а не като на човеци; понеже знаете, че за награда от Господа ще получите наследството. Слугувайте на Господа Христа..."* Да помагаме на другите и да пожертваме себе си без духовна любов няма нищо общо с Бога, което означава, че не можем да получим никаква награда от Него (Матей 6:2).

Трябва да притежаваме духовна любов в сърцата си, ако искаме да се пожертваме с истинско сърце. Ще продължим да посвещаваме живота ни на Господ с всичко, което имаме, независимо дали другите го признават, ако сърцето ни е изпълнено с истинска любов. Ще предадем всичко, което имаме така, както свещта е запалена и блести в тъмнината. В Стария завет, когато свещениците убивали едно животно, за да го отдадат на Бога като изкупителна жертва, те изливали кръвта му и изгаряли мазнината му на огъня на олтара. Нашият Господ Исус, като животното, отдадено за изкупление на греховете ни, пролял последната капка от Своята кръв и вода, за да избави всички хора от греховете им. Той ни показал пример на истинско пожертвуване.

Защо било ефикасно пожертвуванието Му, за да позволи на много души да получат спасение? Защото пожертвуванието Му било направено от съвършена любов. Исус изпълнил Божията воля, пожертвайки собствения Си живот. Той отправил застъпническа молитва за душите, дори и в последния момент на разпъването (Лука 23:34). За това истинско пожертвуване, Бог Го издигнал високо и Му дал най-великолепното място на Небето.

Ето защо, Филипяни 2:9-10 гласи: *„Затова и Бог го превъзвиши, и Му подари името, което е над всяко друго име; така щото в Исусовото име да се поклони всяко коляно от небесните и земните и подземните същества.“*

Бог ще ни превъзвиши и ще ни поведе към по-високи места, ако отхвърлим алчността и нечистите желания и пожертваме себе си с чисто сърце като Исус. Нашият Господ обещава в Матей 5:8: *„Блажени чистите по сърце, защото те ще видят Бога.“* Ето защо, ще получим благословията да видим Бога лице в лице.

Любов, превишаваща справедливостта

Пастор Янг Уон Сон е наречен „Атомна бомба на любовта." Той показал пример на пожертвувание, направено с истинска любов и се погрижил за прокажените с всички сили. Той също бил хвърлен в затвора, защото отказал да се моли във военните параклиси на Япония при японското управление в Корея. Въпреки усърдната му работа за Бога, трябвало да чуе шокиращи новини. През октомври, 1948 г., двама от синовете му били убити от левичарски войници при междуособица срещу управляващите власти.

Обикновените хора биха се оплакали на Бога: „Ако Бог е жив, как може да ми направи това?" Той само благодарил, че двамата му сина загинали и отишли на Небето до Господ. Освен това простил на въстаника, който убил двамата му сина и дори го осиновил като син. Той благодарил на Бога в деветте аспекта на благодарността на погребението на своите синове, което трогнало в голяма степен сърцата на много хора.

„Преди всичко, отдавам благодарности за това, че синовете ми загинаха мъченически, въпреки че бяха родени от моята кръв, защото съм изпълнен с грехове.

На второ място, благодаря за това, че Бог ми даде тези скъпи хора, за да бъдат мое семейство сред толкова много семейства на вярващи.

На трето място, благодаря за това, че бяха пожертвани най-красивите двама сина сред моите трима сина и три дъщери.

На четвърто място, трудно е за един син да стане мъченик, но аз благодаря, че имам двама сина, които станаха мъченици.

На пето място, благословия е да умреш в мир с вяра в Господ Исус и благодаря, че те получиха славата на мъченичеството, като бяха застреляни и убити, докато проповядваха евангелието.

На шесто място, те се подготвяха да отидат да учат в Съединените щати, а сега отидоха на небесното царство, което е много по-хубаво. Облекчен съм и благодаря.

На седмо място, благодаря на Бога, че ми позволи да осиновя врага, който уби синовете ми.

На осмо място, благодаря, защото вярвам, че ще има изобилни плодове на Небето чрез мъченичеството на двамата ми сина.

На девето място, благодаря на Бога, който ми позволи да осъзная Божията любов, за да бъда способен да се радвам дори и в подобен вид трудности."

За да се грижи за болните хора, пастор Янг Уон не бил евакуиран дори и по време на Корейската война. Накрая бил убит от войниците комунисти. Грижил се за болните хора, които били напълно пренебрегнати от другите и се отнасял добре с врага, който убил синовете му. Пожертвал се по този начин, защото бил изпълнен с истинската любов за Бог и другите души.

В Колосяни 3:14 Бог ни казва: *„А над всичко това облечете се в любовта, която свързва всичко в съвършенството."* Дори и да произнасяме красиви ангелски думи, да имаме способността да предсказваме, вяра да преместваме планини и да се жертваме за онези, които са в нужда, Бог няма да приеме делата за съвършени, ако не са направени с истинска любов. Нека да разгледаме всяко значение на истинската любов, за да разберем безкрайното измерение на Божията любов.

Характеристики на Любовта

Любовта дълго търпи и е милостива; любовта не завижда; любовта не се превъзнася, не се гордее, не безобразничи, не търси своето, не се раздразнява, не държи сметка за зло, не се радва на неправдата, а се радва заедно с истината, всичко премълчава, на всичко хваща вяра, на всичко се надява, всичко търпи."

1 Коринтяни 13:4-7

Исус се оплаквал в Матей 24, гледайки Ерусалим, защото знаел, че времето Му наближавало. Трябвало да бъде разпънат на кръста в Божието провидение, но изпитвал съжаление заради бедствието, което щяло да сполети евреите в Ерусалим. Учениците се зачудили защо и попитали: *„Кажи ни, кога ще бъде това? И какъв ще бъде белегът на Твоето пришествие и за свършека на века?"* (стих 3).

Исус им посочил много знамения и тъжно изтъкнал, че любовта щяла да се охлади: *„Но понеже ще се умножи беззаконието, любовта на мнозинството ще охладнее"* (стих 12).

В днешно време, определено чувстваме, че любовта на хората се охлажда. Мнозина търсят любов, но не знаят какво е истинската любов, а именно духовната любов. Няма да притежаваме истинска любов, само защото искаме да я имаме. Ще я придобием, когато любовта на Бога проникне в сърцата ни. Тогава ще разберем какво представлява и ще започнем да отхвърляме злото от нашите сърца.

Римляни 5:5 гласи: *„...А надеждата не посрамява, защото Божията любов е изляна в сърцата ни чрез дадения нам Свети Дух."* Както е записано, ще почувстваме любовта на Бога чрез Светия дух в сърцето ни.

Бог ни казва за всяка от характеристиките на духовната любов в 1 Коринтяни 13:4-7. Божите деца трябва да научат за тях и да ги практикуват, за да станат пратеници на любовта, които са способни да накарат хората да почувстват духовната любов.

1. Любовта е търпелива

Човек лесно може да обезкуражи другите, ако е лишен от търпение, сред всички други характеристики на духовната любов. Представете си, че ръководителят възлага определена работа на един служител, който не я свършва добре. В този случай управителят бързо прехвърля работата на някой друг, за да я довърши. Първият човек, получил работата, може да изпадне в отчаяние, защото не е имал втора възможност да компенсира за лошо свършената задача. Бог е поставил „търпението" като първа характеристика на духовната любов, защото тя е най-основното качество за развитието на духовна любов. Чакането не е скучно, ако имаме любов.

След като осъзнаем любовта на Бога, ние се опитваме да я споделим с хората около нас. Понякога, когато се опитваме да обичаме другите по този начин, ние получаваме негативни реакции от хората, които наистина разбиват сърцата ни или предизвикват голяма загуба или вреда за нас. Тези хора няма повече да изглеждат приятни и няма да ги разберем добре. За да имаме духовна любов, трябва да бъдем търпеливи и да обичаме дори и тези хора. Макар и да ни клеветят, мразят или да се опитват да ни причинят трудности безпричинно, трябва да контролираме съзнанието си, за да бъдем търпеливи и да ги обичаме.

Един член от църквата веднъж поиска да се моля за депресията на съпругата му. Той сподели също, че бил пияница, че когато пиел ставал напълно различен човек и създавал проблеми на близките си. Съпругата му, въпреки всичко, била търпелива към него и се опитвала да прикрие грешката му с любов. Той никога не отказал пиенето и с течение на времето се превърнал в пияница. Съпругата му загубила желание за живот и я обхванала депресия.

Пиянството му създавало много проблеми на семейството, но той дойде да получи молитвата ми, защото все още обичаше жена си. След като го изслушах, аз му казах: „Ако наистина обичаш съпругата си, защо е толкова трудно да спреш да пиеш и да пушиш?" Той не каза нищо и изглежда му липсваше самоувереност. Съжалявах за семейството му. Помолих се за съпругата му, за да бъде излекувана от депресия и за него, за да получи силата да откаже цигарите и алкохола. Божията сила бе удивителна! Той беше в състояние да спре да мисли за алкохол, веднага след като получи молитвата. Преди това беше невъзможно да спре да пие, но успя веднага след получаване на молитва. Съпругата му също бе излекувана от депресията.

Търпението е началото на духовната любов

За да култивираме духовна любов, трябва да бъдем търпеливи с другите във всякакъв вид ситуация. Изпитвате ли неудобство във Вашето постоянство? Или, подобно на жената в историята, обезкуражавате ли се, ако сте били търпеливи дълго време и ситуацията изобщо не се подобрява? В такъв случай, преди да обвиняваме обстоятелствата или други хора, трябва първо да проверим сърцата си. Ако изцяло сме култивирали истината в сърцата си, няма ситуация, в която да не сме способни да проявим търпение. По-конкретно, нетърпението означава, че в сърцата ни има злина, която е неистина в същата степен, в която ни липсва търпение.

Да бъдем търпеливи означава да сме търпеливи със себе си и всички трудности, които срещаме, когато се опитваме да покажем истинска любов. Възможно е да има трудни ситуации, когато се опитваме да обичаме всички в подчинение на Божието слово и търпението на духовната любов означава да бъдем търпеливи винаги.

Това търпение е различно от търпението като една от деветте дарби на Светия дух в Галатяни 5:22-23. С какво е различно? „Търпението", което е една от деветте дарби на Светия дух, ни призовава да бъдем търпеливи във всичко за царството и праведността на Бога, докато търпението в духовната любов означава да бъдем търпеливи, за да култивираме духовна любов и затова има по-тясно и по-конкретно значение. Можем да кажем, че то принадлежи на търпението, което е един от деветте плода на Светия дух.

Търпението е сред деветте плодове на Светия дух

1. Това означава да отхвърлим всички неистини и да култивираме сърцето с истината
2. Това означава да разбираме другите, да търсим тяхната полза и да бъдем в мир с тях
3. Това означава да получим отговори на нашата молитва, спасение и нещата, които Бог е обещал

В днешно време, хората много лесно завеждат другите на съд за най-малкото увреждане на тяхната собственост или благосъстояние. Има голям брой съдебни процеси. Много често хората съдят собствените си жени или съпруги, или дори своите родители или деца. Възможно е да Ви се подиграват и да казват, че сте глупави, ако сте търпеливи с другите. Какво казва Исус?

В Матей 5:39 е записано: *„А пък Аз ви казвам: Не се противете на злия човек; но, ако те плесне някой по дясната буза, обърни му и другата"* и Матей 5:40 гласи: *„На тогава, който би поискал да се съди с тебе и да ти вземе ризата, остави му и горната дреха."*

Исус не само ни казва да не отвръщаме със зло на злото, а да бъдем търпеливи. Той ни казва също да правим добро за онези хора, които са зли. Можем да помислим: „Как да правим добро за тях, ако сме толкова ядосани и наранени?" Повече от способни сме да го направим, ако имаме вяра и любов. Това е вярата в любовта на Бога, който ни дал Неговия единствен роден Син, като изкупление за греховете ни. Ако вярваме, че сме получили такъв вид любов, тогава сме способни да простим дори на онези хора, които ни нараняват и ни причиняват големи страдания. Ще бъдем способни да обичаме всички, ако обичаме Бога, който ни обичал до такава степен, че отдал Неговия единствен роден Син за нас и ако обичаме Господ, който ни дал Неговия живот за нас.

Търпение без граници

Някои хора потискат своята омраза, гняв или яд и други отрицателни емоции, докато накрая достигат границата на своето търпение и избухват. Някои интроспективни хора не се изразяват лесно, а просто страдат в сърцата си и това води до неблагоприятни здравословни състояния, причинени от прекомерен стрес. Такова търпение е точно като натискането надолу на метална пружина с ръцете Ви. Ако повдигнете ръцете си, тя просто ще отскочи.

Видът търпение, което Бог иска за нас, е да бъдем търпеливи до край, без да променяме отношението ни. За да бъдем по-точни, ако имаме такова търпение, няма да е необходимо да проявяваме търпение към някого. Няма да натрупваме омраза и негодувание в сърцата ни, а ще отстраним първичната зла природа, която причинява толкова негативни чувства и ще ги превърнем в любов и състрадание. Това е същността на духовното значение на търпението. Не е трудно да обичаме дори враговете си, ако нямаме зло в сърцата си, а само духовна любов. В действителност, преди всичко няма да позволим зараждането на никаква враждебност.

Ще виждаме предимно негативните качества на другите хора, дори и всъщност да са добросърдечни, ако сърцето ни е изпълнено с омраза, кавга, завист и ревност. Същото е, когато носите слънчеви очила и всичко изглежда тъмно. От друга страна, ако сърцата ни са изпълнени с любов, тогава ще изглеждат добре дори и хората, които действат със зло. Ние няма да ги мразим, независимо какъв недостатък, несъвършенство, дефект или слабост имат. Дори и да ни мразят и да се държат лошо с нас, ние няма да ги мразим в замяна.

Търпението е също в сърцето на Исус, който „смазана тръстика няма да пречупи, и замъждял фитил няма да угаси." То е в сърцето на Стефан, който се молил дори за онези, които го убивали с камъни: *„Господи, не им считай тоя грях. И като рече това, заспа!"* (Деяния 7:60). Те го убили с камъни, само защото проповядвал евангелието за тях. Трудно ли е било за Исус да обича грешниците? Изобщо не! Така е, защото сърцето Му е самата истина.

Един ден Петър задал въпрос на Исус. *„Господи, до колко пъти, като ми съгреши брат ми, да му прощавам? До седем пъти ли?"* (Матей 18:21). Тогава Исус казал: *„Не ти казвам: До седем пъти – до седемдесет пъти по седем"* (стих 22).

Това не означава, че трябва да простим само седемдесет пъти по седем, косто означава 490 пъти. Седем в духовен смисъл символизира съвършенство. Следователно, да простим седемдесет пъти по седем означава съвършено опрощение. Можем да почувстваме безкрайната любов и опрощение на Исус.

Търпение, което постига духовна любов

Разбира се, не е лесно да превърнем нашата омраза в любов за един ден. Трябва да бъдем търпеливи дълго време, без да спираме. Ефесяни 4:26 гласи: „*Гневете се, но без да съгрешавате; слънцето да не залезе в разгневяването ви.*"

Написано е „гневете се", обръщайки се към хората със слаба вяра. Бог казва на тези хора, че дори и да се гневят, защото нямат вяра, не трябва да запазват гнева си до залез слънце, по-конкретно „за дълго време", а да оставят чувствата им да угаснат. Според индивидуалната мярка на вярата, дори когато човек изпитва негативни чувства или гняв в сърцето си, ако ги отхвърли с търпение и издръжливост, той ще промени сърцето си в истината и духовната любов в него ще порасне малко по малко.

Що се отнася до греховната природа, която се е вкоренила дълбоко в сърцето, човек ще я отхвърли като се моли страстно с пълнотата на Светия дух. Много е важно да гледаме добронамерено на хората, които не харесваме, и да им показваме добри дела. Когато правим това, омразата в сърцата ни скоро ще изчезне и ще можем да ги обичаме. Няма да имаме конфликт и няма да мразим никого. Ще водим щастлив живот, сякаш сме на Небето, както казал Господ: „*Ето Божието царство е всред вас*" (Лука 17:21).

Хората казват, че са на Небето, когато изпитват такова щастие. По подобен начин, да бъде във Вас небесното царство означава да отхвърлите всички неистини от сърцето си и да бъдете изпълнени с истината, любовта и добрината. Тогава не трябва да бъдете търпеливи, защото винаги сте щастливи, радостни и изпълнени с благоволение и защото обичате всички около Вас. Колкото повече отхвърлите злините и постигнете добрината, по-малко ще е нужно да бъдете търпеливи. С постигането на духовна любов, няма да е нужно да сте търпеливи и да потискате чувствата си; ще бъдете в състояние търпеливо и мирно да чакате другите да се променят с любов.

На Небето няма сълзи, скръб и болка. Тъй като на Небето изобщо няма злина, а само добрина и любов, няма да мразите никого, на никого няма да се ядосвате или разгневявате. Ето защо, няма да е нужно да се въздържате или да контролирате вашите емоции. Разбира се, нашият Бог не се налага да проявява търпение, защото е самата истина. В Библията е написано, че „любовта е търпелива", защото ние хората имаме душа, мисли и психологически стереотипи. Бог иска да помогне на хората да разберат. Колкото повече отхвърлите злините и постигнете добрината, по-малко ще е нужно да бъдете търпеливи.

Превръщане на врага в приятел чрез търпение

Ейбрахам Линкълн, шестнадесетият президент на Съединените щати и Едуин Стантън не се разбирали добре, когато били адвокати. Стантън произлизал от богато семейство и получил добро образование. Бащата на Линкълн бил беден обущар и той дори не завършил основно училище. Стантън се подигравал на Линкълн, нанасяйки му тежки обиди. Въпреки това, Линкълн никога не се разгневявал и не му отговарял с враждебност.

След като Линкълн бил избран за президент, той назначил Статън като военен секретар – една от най-важните длъжности в кабинета. Линкълн знаел, че Стантън бил подходящият човек. По-късно, когато Линкълн бил застрелян в театър „Форд", много хора бягали, за да спасят живота си, но Стантън изтичал директно към Линкълн. Държейки го в ръцете си и със сълзи в очите, той казал: „Тук лежи най-великият човек на света. Той е най-великият лидер в историята."

Търпението с духовна любов може да направи чудеса и да превърне враговете в приятели. Матей 5:45 гласи: *„...за да бъдете чада на вашия Отец, който е на небесата; защото Той прави слънцето Си да изгрява на злите и на добрите, и дава дъжд на праведните и на неправедните."*

Бог е търпелив дори с онези хора, които вършат зло, искайки да се променят някой ден. Ние също сме порочни, ако отговаряме с лошо на злите хора, но ще получим красиви обиталища на Небето, ако сме търпеливи и ги обичаме, гледайки към Бога, който ще ни възнагради (Псалми 37:8-9).

2. Любовта е милостива

Сред басните на Езоп има една история за слънцето и вятъра. Един ден слънцето и вятърът се обзаложили кой първи ще свали палтото на един минувач. Вятърът бил първи и победоносно задухал силно, така че създал достатъчно силно въздушно течение, за да събори дърво. Човекът се увил още по-плътно с палтото си. След това слънцето, с усмивка на лицето, нежно отдало топла слънчева светлина. След като станало топло, човекът почувствал, че му е горещо и бързо свалил палтото.

Тази история ни дава много добър урок. Вятърът се опитал да принуди насила човека да свали палтото си, но слънцето направило така, че да го свали доброволно. Любезността е нещо подобно. Любезността означава да докоснем и да спечелим сърцето на другите, но не с физическа сила, а с доброта и любов.

Любезността приема всякакъв вид хора

Любезният човек ще приеме всички и много хора ще почиват на неговата страна. Определението на любезността в речника е „качеството или състоянието да сме любезни", а да бъдем любезни означава да бъдем търпеливи. Ще разберете по-добре любезността, ако си представите къс памук. Памукът не издава никакъв шум, дори и когато други предмети се удрят в него. Той просто ги обгръща.

По същия начин, любезният човек е като дърво, под което почиват много хора. Ще се почувствате много по-добре и по-прохладно, ако застанете под голямо дърво в горещ летен ден, за да се скриете от изгарящото слънце. По подобен начин, ако човек има любезно сърце, много хора ще искат да бъдат близо до него и да си почиват.

Казва се, че човек е смирен и добросърдечен, ако е толкова любезен и благ, че не се разгневява на този, който му пречи и не настоява на мнението си. Въпреки това, независимо колко смирен и благ е, това не е така, ако неговата добрина не е призната от Бога. Някои хора се подчиняват на другите, само защото характерът им е смирен и консервативен. Други потискат гнева си, макар и да са разстроени, когато им причиняват трудности. Те не могат да се считат за любезни. Хората, които нямат зло в себе си, а само любов в сърцата си, приемат и понасят злите хора с духовна смиреност.

Бог иска духовна любезност

Духовната любезност е резултат от пълнотата на духовната любов, лишена от зло. С такава духовна любов, Вие не се противопоставяте на никого, а го приемате, независимо дали е негодник. Също така, понасяте, защото сте мъдри. При все това, трябва да запомним, че не можем да се считаме за любезни, само защото безусловно разбираме и прощаваме на другите и сме внимателни с всички. Трябва да имаме също праведността, достойнството и властта, за да бъдем способни да ръководим и да влияем на другите. Ето защо, любезният духовно човек е не само внимателен, но и мъдър и почтен. Такъв човек води примерен живот. По-конкретно, духовната любезност означава да имаме вътрешна смиреност в сърцето и добродетелна външна щедрост.

Любезното сърце, което няма зло, а само добрина – вътрешната нежност, няма да ни накара да приемем и да имаме положително влияние върху другите. Нашата любезност ще бъде съвършена и ще показваме по-голяма сила, когато притежаваме не само вътрешна любезност, но и външна проява на добродетелна щедрост. Ще спечелим сърцата на много хора и ще постигнем още повече, ако притежаваме щедрост и любезно сърце.

Човек ще покаже истинска любов към другите, когато има добрина и любезност в сърцето, изпълнен е със състрадание и добродетелна щедрост, за да може да ги поведе по правилния път. Тогава ще бъде способен да ръководи много души по пътя на спасението, който е правилният път. Вътрешната любезност не можс да блести със своята светлина, без външната проява на добродетелна щедрост. Нека сега да разгледаме какво трябва да направим, за да култивираме вътрешна любезност.

Стандартът за измерване на вътрешната любезност, е осветяването

За да постигнем любезност, преди всичко, трябва да се освободим от злините в сърцето и да станем святи.

Любезното сърце е като памук, то не издава никакъв звук и само приема човека, който действа агресивно. Човекът с любезно сърце е лишен от всякакво зло и не влиза в конфликт с никого. За нас е трудно да приемем другите, ако имаме остро сърце на омраза, ревност и завист или закоравяло сърце на самоувереност и неотстъпчиви стереотипи.

Ако един камък падне и удари друг камък или плътен метален предмет, той издава шум и отскача. По същия начин, ако нашето плътско его е все още живо, ние разкриваме неудобни чувства, при най-малката проява на дискомфорт от страна на другите. Ако хората са известни със своите недостатъци или слабости на характера, ние няма да ги прикрием, защитим или разберем, а вместо това ще ги осъдим, критикуваме, обсъждаме и клеветим. Това означава, че сме като малък съд, който прелива, когато се опитаме да сложим нещо в него.

Малкото сърце е изпълнено с толкова много порочни неща, че в него няма повече място, за да приеме нещо друго. Например, ще се почувстваме обидени, ако другите покажат грешките ни. Или, ако чуем другите да шепнат, ще помислим, че говорят за нас и ще се чудим какво обсъждат. Можем дори да осъждаме другите, само защото са ни погледнали.

Да нямаме зло в сърцата си е основното условие, за да култивираме любезност. Причината за това е, че ако няма зло, ще обичаме другите в сърцето си и ще гледаме на тях с добрина и любов. Любезният човек гледа на другите с милосърдие и състрадание по всяко време. Той няма никакво намерение да осъжда или да критикува другите; той просто се опитва да ги разбере с любов и добрина и дори сърцето на злия човек ще се разтопи от топлината му.

Особено важно е да бъдат осветени онези, които учат и ръководят другите. Според степента, с която са изпълнени със зло, те ще използват собствените си, плътски мисли. В същата тази степен, няма правилно да отличат ситуациите на паството и следователно, не са способни да ръководят душите към зелените пасища и спокойни води. Ще получим ръководството на Светия дух и ще разберем ситуациите на паството, за да ги ръководим по най-добрия начин, когато са напълно святи. Бог ще признае за истински любезни само онези, които са напълно святи. Различните хора имат различни стандарти за това кои хора са любезни, но любезността за Бога е различна от любезността за хората.

Бог признал любезността на Моисей

В Библията, Моисей бил признат от Бога за своята любезност. Научаваме колко е важно да бъдем признати от Бога от Числа, Глава 12. Веднъж Братът на Моисей, Аарон и неговата сестра Мириам, критикували Моисей заради това, че се оженил за етиопянка.

Числа 12:2 гласи: *"...Само чрез Моисея ли говори Господ? Не говори ли и чрез нас? И Господ чу това."*

Какво казал Бог за думите им? *"С него Аз ще говоря уста с уста, ясно, а не загадъчно; и той ще гледа Господния Образ. Как, прочее, не се убояхте вие да говорите против слугата Ми Моисея?"* (Числа 12:8).

Осъдителните коментари за Моисей на Аарон и Мириам разгневили Бога и поради тази причина, Мириам станала прокажена. Аарон действал като говорител за Моисей и Мириам също била една от ръководителите на паството. Водени от мисълта, че Бог ги обичал и признавал, те веднага критикували Моисей, когато считали, че правил нещо нередно.

Бог не приел осъждането и критиките на Арон и Мириам срещу Моисей, съгласно собствените им стандарти. Какъв човек бил Моисей? Той бил признат от Бога като най-смирения и най-благия от всички хора на земята. Той бил също така предан на цялата къща на Бога и затова Бог му вярвал толкова много, че лично разговарял с него.

Ще разберем защо Бог признал Моисей толкова високо, ако разгледаме процеса на бягството на израилтяните от Египет и отиването им на Ханаанската земя. Хората, които избягали от Египет, непрекъснато вършели грехове, противопоставяйки се на Божията воля. Те се оплаквали от Моисей и го обвинявали дори и за най-малките трудности, което означавало да се оплакват от Бога. Всеки път, когато се оплаквали, Моисей се молил за Божията милост.

Един инцидент показва ясно любезността на Моисей. Докато Моисей бил горе на планината Синай, за да получи десетте заповеди, хората направили идол – златно теле – те яли, пили и се отдали на развлечения докато го почитали. Египтяните почитали богове като бика и кравата и ги имитирали. Бог многократно им показал, че ги придружавал, но те не представили никакъв признак на трансформация.

Накрая, Божият гняв попаднал върху тях. В този момент Моисей се застъпил за тях, гарантирайки със собствения си живот: *„Но сега, ако щеш прости греха им, но ако не, моля Ти се, мене заличи от книгата, която си написал!"* (Изход 32:32).

„Книгата, която си написал" се отнася за книгата на живота, в която са записани имената на спасените. Ако името Ви е изтрито от книгата на живота, няма да бъдете спасени. Това не означава само, че няма да получите спасение, а че ще страдате завинаги в Ада. Моисей знаел много добре за живота след смъртта, но той искал да спаси хората, дори и ако трябвало да се откаже от собственото си спасение за тях. Сърцето на Моисей приличало много на сърцето на Бога, който не иска никой да загине.

Моисей култивирал любезност чрез изпитания

Разбира се, Моисей нямал такава любезност от началото. Макар и евреин, той бил отгледан като син на египетска принцеса и нищо не му липсвало. Получил най-високо образование за египетското познание и бойни изкуства. Изпитвал също гордост и самоувереност. Един ден, видял един египтянин да бие един израилтянин и воден от своята самоувереност, убил египтянина.

Това веднага го превърнало в беглец. За щастие, станал овчар в пустинята, с помощта на един свещеник от Мидиан, но загубил всичко. Грижата за стадото се считала за много долна работа от египтяните. В продължение на четиридесет години, той трябвало да прави това, което презирал. Междувременно се смирил изцяло, осъзнавайки много неща за любовта на Бог и живота.

Бог не повикал Моисей, принца на Египет, за да бъде водач на израилтяните. Бог повикал Моисей овчаря, който се смирил многократно, дори и след повикването от Бога. Той се смирил напълно и отхвърлил злото от сърцето си чрез изпитанията и поради тази причина бил способен да поведе повече от 600,000 души извън Египет към Ханаанската земя.

Ето защо, важното при култивиране на любезността е, да култивираме добрина и любов като се смирим пред Бог в изпитанията, през които преминаваме. От степента на нашата смиреност зависи и нашата любезност. Ако сме удовлетворени от настоящото ни състояние, считайки, че сме култивирали истината в определена степен и че сме признати от другите, какъвто е случаят на Аарон и Мириам, ще станем единствено по-арогантни.

Добродетелната щедрост усъвършенства духовната любезност

За да култивираме духовна любезност, трябва не само да станем святи чрез отхвърлянето на всякаква форма на зло, но и да култивираме добродетелна щедрост. Добродетелната щедрост означава да разберем другите и справедливо да ги приемем; да постъпваме правилно според задълженията на хората; да имаме такъв характер, че да позволим на другите да предадат и да предоставят сърцата си, като разберем и приемем техните недостатъци, а не чрез физическа сила. Такъв вид хора имат любовта, с която да вдъхнат увереност и доверие в другите.

Добродетелната щедрост е като дрехите, които хората обличат. Независимо колко красиви сме вътрешно, другите ще ни гледат снизходително, ако сме голи. По подобен начин, независимо колко сме любезни, не можем истински да покажем ценността на нашата любезност, ако не притежаваме тази добродетелна щедрост. Например, един човек е любезен отвътре, но казва много ненужни неща, когато говори с другите. Такъв човек няма лошо намерение, когато прави това, но той не е способен наистина да спечели доверието на другите, защото не изглежда с добри обноски или възпитан. Някои хора не изпитват негативни чувства, защото са любезни и не причиняват вреда на околните. Въпреки това, за тях е трудно да спечелят сърцата на много хора, ако не помагат активно на другите и не се грижат за тях внимателно.

Цветята, които нямат красиви цветове или добър аромат, не могат да привлекат пчели или пеперуди към тях, дори и да имат много нектар. По подобен начин, дори и да сме много любезни и да отвърнем другата буза, ако ни ударят, нашата любезност няма да блести истински, ако нямаме добродетелна щедрост в нашите думи и действия. Истинска любезност се постига и показва истинската си същност, само когато вътрешната любезност носи външните дрехи на добродетелната щедрост.

Йосиф имал такава добродетелна щедрост. Той бил единадесетият син на Яков, бащата на Израел. Йосиф бил мразен от своите братя, които го продали като роб в Египет. Въпреки това, с Божията помощ, той станал първи министър на Египет на тридесет-годишна възраст. Египет по онова време представлявала много силна държава, разположена покрай реката Нил. Тя била една от главните „люлки на цивилизацията". Управляващите и хората били много горди от себе си и изобщо не било лесно да станеш първи министър като чужденец. Ако допуснел само една грешка, трябвало веднага да се оттегли.

Въпреки това, дори и в такава ситуация, Йосиф управлявал Египет много добре и мъдро. Проявявал любезност и смиреност и нямал грешки в своите думи и дела. Той бил мъдър и достоен като управител. Властта му била на второ място след царя, но не се опитвал да доминира над хората или да се величае. Проявявал голяма стриктност към себе си, но бил много щедър и внимателен към другите. Ето защо, не се налагало царят и останалите министри да изпитват резерви, да бъдат внимателни или да му завиждат; те изцяло му вярвали. Стигаме до този извод, имайки предвид колко сърдечно египтяните приветствали фамилията на Йосиф, който се преместил в Египет от Ханаанската земя, за да избяга от глада.

Любезността на Йосиф била придружена от добродетелна щедрост

Хората с такава добродетелна щедрост имат широко сърце и няма да осъждат и критикуват другите според собствения си стандарт, дори и да са прави в своите думи и дела. Йосиф проявил тази своя характеристика, когато братята му, които го продали в робство в Египет, отишли там, за да намерят храна.

Отначало, братята не разпознали Йосиф. Това било напълно разбираемо, защото не го били виждали от повече от двадесет години. Освен това, не си представяли, че Йосиф бил министър-председател на Египет. Какво почувствал Йосиф, когато видял братята си, които почти не го убили и накрая го продали в робство в Египет? Той имал властта да ги накара да платят за греха си, но не искал да си отмъщава. Скрил своята идентичност и ги проверил няколко пъти, за да види дали сърцата им били същите, както в миналото.

Йосиф в действителност им дал възможност да се покаят сами пред Бога за греховете си, защото грехът да планират убийство и да продадат собствения си брат като роб в друга държава, не бил незначителен. Той не им простил или наказал сляпо, но направил така, че сами да се покаят за греховете си. Накрая, едва когато си спомнили и съжалили за грешката си, Йосиф разкрил своята идентичност.

В този момент, братята му се уплашили. Животът им бил в ръцете на техния брат Йосиф, заемащ поста министър-председател на Египет, най-силната нация на земята по онова време. Йосиф нямал желание да им държи сметка за стореното. Той не ги заплашил с думите: „Сега ще платите за греховете си." Вместо това се опитал да ги утеши и успокои. „Сега, не скърбете, нито се окайвайте, че ме продадохте тук, понеже Бог ме изпрати пред вас, за да опази живота" (Битие 45:5).

Той потвърдил факта, че всичко било според Божия план. Йосиф не само простил на братята си от сърце, а също успокоил сърцата им с трогателни думи, разбирайки ги изцяло. Йосиф постъпил така, че да трогне дори враговете си, което е външната проява на добродетелната щедрост. Любезността на Йосиф, в съчетание с добродетелната щедрост, представлявали източникът на сила, за да спаси много животи в и около Египет и основата за постигане на удивителния план на Бога. Както бе обяснено по-горе, добродетелната щедрост е външният израз на вътрешната любезност, която е способна да спечели сърцето на много хора и показва голяма сила.

Осветяването е необходимо, за да имаме добродетелна щедрост

Така, както вътрешната любезност се постига чрез осветяване, добродетелната щедрост също може да се култивира, когато отхвърлим злото и станем святи. Разбира се, дори и човек да не е свят, той показва някои добродетелни и щедри действия чрез своето образование или защото е роден с широко сърце. Въпреки това, истинската добродетелна щедрост произлиза от сърцето, което е свободно от злото и следва само истината. Не е достатъчно само да изтръгнем корените на злото от сърцето, ако искаме изцяло да култивираме добродетелна щедрост. Трябва да отхвърлим дори и следите от зло (1 Солунци 5:22).

В Матей 5:48 е написано: „*И тъй бъдете съвършени и*

вие, както е съвършен вашият небесен Отец." Ще бъдем способни да култивираме любезност, за да почиват в нас много хора, когато отхвърлим всички видове злини от сърцето и станем безгрешни в нашите думи, дела и поведение. Поради тази причина не трябва да сме удовлетворени, когато накрая сме постигнали нивото, на което сме отхвърлили злото, като омраза, завист, ревност, арогантност и разгневяване. Трябва да отхвърлим също малки прегрешения на тялото и да покажем делата на истината чрез Божието слово и страстни молитви, получавайки ръководството на Светия дух.

Какви са прегрешенията на тялото? Римляни 8:13 гласи: *"...Защото, ако живеете плътски, ще умрете; но ако чрез Духа умъртвявате телесните действия, ще живеете."*
Тялото тук не означава само нашето физическо тяло. Тялото в духовен смисъл означава тялото на човека, след като истината се е изцедила от него. Следователно, делата на тялото се отнасят до делата, които произлизат от неистините, изпълнили човечеството, което се е променило в плътта. Делата на тялото включват не само очевидни грехове, но и всякакви видове несъвършени дела или действия.

Имах странно преживяване в миналото. Когато докосвах един предмет, имах чувството, че получавам електрически удар и потръпвах всеки път. Започнах да се страхувам да докосвам неща. Естествено, всеки път, когато докосвах нещо от тогава, аз се молех на Господ. Нямах такива усещания, когато внимавах много, докато докосвах предмети. Придържах много внимателно дръжката на вратата, за да я отворя. Здрависвах се много внимателно с членовете на църквата. Този феномен продължи няколко месеца и цялото ми поведение стана много внимателно и предпазливо. По-късно осъзнах, че Бог правеше делата на тялото ми съвършени по този начин.

Макар и да звучи банално, начинът на поведение е много важен. Някои хора обикновено докосват другите, когато се смеят или говорят с тях. Някои говорят много силно, независимо от времето и мястото и причиняват неудобство на другите. Тези поведения не са големи недостатъци, но остават несъвършени действия на тялото. Хората с добродетелна щедрост имат правилно поведение в своя всекидневен живот и много хора искат да почиват в тях.

Промяна на характера на сърцето

На следващо място, трябва да култивираме характера на нашето сърце, за да притежаваме добродетелна щедрост. Характерът на сърцето се отнася до размера на сърцето. Според характера на сърцето, някои хора правят повече от това, което се очаква от тях, докато други правят само нещата, които са определени за тях или по-малко. Един човек с добродетелна щедрост има голямо и широко сърце, затова не гледа само своите лични интереси, а и интересите на другите.

Филипяни 2:4 гласи: *"Не гледайте всеки само за своето, но всеки и за чуждото."* Този характер на сърцето се променя, в зависимост от това как разширяваме сърцето си във всякакви обстоятелства, за да го променим с постоянни усилия. Ако ние нетърпеливо търсим само собствените ни лични интереси, трябва да се молим ревностно и да променим ограничения ни кръгозор, за да се съобразим първи с ползата и ситуацията на другите.

Преди да бъде продаден в робство в Египет, Йосиф бил отгледан като растенията и цветята, растящи в парник. Той не можел да се погрижи за всяка работа в къщата, нито да измери сърцата и ситуациите на своите братя, които не били обичани от баща им. Въпреки това, чрез различни изпитания, той придобил сърцето, с което да наблюдава и управлява всеки ъгъл на своето обкръжение и научил как да се съобразява със сърцата на другите.

Бог разширил сърцето на Йосиф, подготвяйки го за времето, когато щял да стане министър-председател на Египет. Ако постигнем такова любезно и непорочно сърце, можем също да управляваме и да се грижим за по-голяма организация. Това е добродетел, която трябва да притежава един лидер.

Благословии за царя

Какви видове благословии ще бъдат отдадени на хората, които са постигнали съвършена любезност, отстранявайки злото от сърцата си и култивирайки добродетелна щедрост? Както е написано в Матей 5:5: *„Блажени кротките, защото те ще наследят земята,"* и в Псалми 37:11: *„Но кротките ще наследят земята, и ще се наслаждават с изобилен мир",* те могат да наследят земята. Земята тук символизира обиталището на небесното царство и наследяването на земята означава „да се радваме на по-голяма сила на Небето в бъдеще."

Защо ще се радват на по-голяма власт на Небето? Любезният човек укрепва други души със сърцето на нашия Баща Бог и трогва сърцата ни. Колкото по-благ става човек, повече души ще почиват в него и ще бъдат водени към спасение. Ако станем велики хора, в които хората да почиват, това означава, че сме служили на другите в голяма степен. Небесна власт ще бъде отдадена на онези, които служат. Матей 23:11 гласи: *„А по-големият между вас нека ви бъде служител."*

Благият човек ще се радва на голяма власт и ще наследи широката и просторна земя, като обиталище на Небето. Дори и на тази земя, хората, които имат голяма власт, богатство, слава и могъщество, са следвани от много хора. Въпреки това, ако загубят всичко, което имат, ще загубят по-голяма част от своята власт и голяма част от последователите им ще ги напуснат. Духовната власт, която следва любезният човек, е различна от тази на този свят. Тя не изчезва и не се променя. На тази земя, той успява във всичко, докато душата му преуспява. Също така, на Небето той ще бъде обичан от Бога завинаги и уважаван от безброй души.

3. Любовта не завижда

Няколко добри студенти се събират и преглеждат своите бележки по въпросите, на които са се провалили на изпитите. Те преглеждат причината, заради която са се провалили, за да отговорят правилно и разбират изцяло темата, преди да продължат. Казват, че този метод е много ефективен, за да научат за по-кратко време темата, с която се затрудняват. Същият метод може да се използва за култивиране на духовна любов. Ще постигнем духовна любов за по-кратък период от време, ако прегледаме подробно нашите дела и думи и отхвърлим всеки от нашите недостатъци един по един. Нека да разгледаме следващата характеристика на духовната любов, „Любовта не завижда".

Ревност има, когато чувството на горчивина и нещастие нарасне прекомерно и извършваме лоши действия спрямо друг човек. Ако изпитваме чувство на ревност и завист, няма да сме щастливи, когато някой е похвален или благоприятстван. Можем да изпитаме завист, ако считаме някой човек за по-добре информиран, по-богат и по-компетентен от нас, или някой от нашите колеги стане по-успешен и печели благосклонността на много хора. Понякога мразим този човек, искаме да му вземем всичко, което има и да го смачкаме.

От друга страна, можем да се почувстваме обезкуражени, мислейки: „Той е толкова облагодетелстван от другите, ами аз? Аз съм нищожен!" С други думи, чувстваме се обезсърчени, защото се сравняваме с другите. Когато се чувстваме обезкуражени, някои от нас мислят, че това не е ревност. Въпреки това, любовта се радва заедно с истината. С други думи, ако имаме истинска любов, ние се радваме, когато другите преуспяват. Нашето его или „собственото аз" все още е активно, ако ние сме обезкуражени, упрекваме се или не се радваме с истината. Тъй като нашето „собствено аз" е живо, гордостта ни е наранена, когато чувстваме, че сме по-незначителни от другите.

Когато завистливият разум порасне и се прояви под формата на зли думи и дела, това е ревността, за която говори тази Глава за любовта. Ако ревността прерасне в сериозно състояние, човек може да нарани и дори да убие някого. Ревността е външна проява на злото и порочността в сърцето и затова е трудно за хората, които изпитват завист, да постигнат спасение (Галатяни 5:19-21). Завистта е очевидно дело на плътта, която е видимо извършен грях. Ревността може да се категоризира в различни видове.

Ревност в романтичните отношения

Ревността се проявява в действията, когато партньорът в една връзка желае да получи повече любов и благосклонност от тази, която получава от другия. Например, двете съпруги на Яков, Лия и Рахил ревнували една от друга и всяка от тях искала да бъде по-желана от Яков. Лия и Рахил били сестри, дъщери на Лаван, чичото на Яков.

Яков се оженил за Лия в резултат на измамата на неговия чичо Лаван, независимо от желанието му. Яков обичал в действителност по-малката сестра на Лия, Рахил и я спечелил за съпруга след 14-годишна служба на своя чичо. От самото начало Яков обичал Рахил повече от Лия. Въпреки това, Лия родила четири деца, докато Рахил не била в състояние да роди нито едно.

По онова време, за жената било срамно да няма деца и Рахил завиждала непрекъснато на сестра си Лия. Тя била толкова заслепена от своята ревност, че създавала също трудности и на съпруга си, Яков. *„Дай ми чада, иначе аз ще умра"* (Битие 30:1).

Рахил и Лия дали на Яков своите съответни прислужници, за да му бъдат любовници. Ако те имаха поне малко истинска любов в сърцата си, щяха да се радват, когато другата била по-облагодетелствана от съпруга си. Ревността направила нещастни всички тях – Лия, Рахил и Яков. По-нататък, това засегнало и децата им.

Ревност, когато другите успяват повече

Аспектът на ревността за всеки индивид е различен, в зависимост от неговите ценности в живота. Обикновено изпитваме ревност, когато другият е по-богат, по-осведомен и по-компетентен от нас или когато другият е по-облагодетелстван и обичан. Не е трудно да изпитаме ревност в училище, в работата и в дома, когато ревността идва от чувството, че някой е по-добре от нас. Може да изпитаме омраза и да клеветим другите, когато напредват и успяват повече от нас. Тогава мислим, че трябва да ги стъпчем, за да бъдем по-успешни и облагодетелствани.

Например, някои хора разкриват грешките и недостатъците на другите на работното място и ги подлагат на несправедливо подозрение и проверка от страна на ръководителите, защото искат те да бъдат тези, които са повишени в компанията. Младите студенти не правят изключение. Някои студенти създават трудности на други студенти, които имат по-добри резултати или тормозят онези студенти, които са облагодетелствани от учителите. В дома, децата клеветят и спорят с братята и сестрите си, за да спечелят по-голямо признание и благосклонност от своите родители. Други го правят, защото искат да наследят по-големи притежания от тях.

Такъв бил случаят с Каин, първият убиец в човешката история. Бог приел само приношението на Авел. Каин се почувствал незначителен и тъй като все повече изгарял от ревност, той убил собствения си брат Авел. Той вероятно слушал непрекъснато за кървавите приношения на животни от своите родители, Адам и Ева и знаел за това много добре. „И почти мога да кажа, че по закона всичко с кръв се очистя; и без проливането на кръв няма прощение" (Евреи 9:22).

Въпреки това, той направил само приношения от реколтата на земята, която обработвал. От друга страна, Авел принесъл в жертва първородното на овцете, спазвайки Божията воля. Някой може да каже, че не било трудно за Авел да принесе в жертва агнето, защото бил овчар, но това не е така. Той научил Божията воля от своите родители и искал да я спазва. Поради тази причина, Бог приел само жертвоприношението на Авел. Каин изпитал ревност от брат си и съжалил за своята грешка. След като бил запален, огънят на ревността му станал неугасим и той накрая убил брат си Авел. Колко болка изпитали Адам и Ева заради това!

Ревност между братя във вярата

Някои вярващи ревнуват от друг брат или сестра във вярата, който ги превъзхожда по длъжност, йерархия, вяра или преданост на Бога. Това се случва обикновено, когато другият е на сходна възраст, длъжност и времето, откогато вярва или когато хората се познават много добре.

Както е записано в Матей 19:30: *„Обаче мнозина първи ще бъдат последни, а последните първи"*, онези, които превъзхождаме по години на вяра, възраст и църковна длъжност, може да бъдат преди нас. Тогава е възможно да изпитаме силна ревност към тях. Такава ревност не съществува само между вярващите в една и съща църква. Тя присъства между пасторите и църковните членове, сред църквите или дори сред различни християнски организации. Когато един човек възхвалява Бога, всички трябва да се радват заедно, а те клеветят другите, сякаш са еретици в опита им да опетнят името на други хора или организации. Какво биха изпитали родителите, ако децата им се карат и мразят взаимно? Те няма да са щастливи, макар и децата да ги хранят добре и да им дават хубави неща. Господ ще страда много, ако вярващите, които са същите деца на Бога, се бият и карат помежду си, или сред църквите има завист.

Ревността на Саул спрямо Давид

Саул бил първият цар на Израел и похабил живота си, ревнувайки от Давид. За Саул, Давид бил като блестящ доспех, който спасил страната му. Когато войниците били обезкуражени заради заплахата от Голиат на филистимците, Давид се изправил главоломно и повалил шампиона на филистимците с обикновена прашка. Това довело до победата на Израел. От тогава, Давид извършил множество похвални дела за опазване на страната от атаките на филистимците. В този момент възникнал проблемът между Саул и Давид. Саул чул нещо много смущаващо от тълпата, приветстваща Давид, когато се връщал победоносно на бойното поле. Това било: *„А Саул се разсърди много, и тия думи му бяха оскърбителни, и каза: На Давида отдадоха десетки хиляди, а на мене дадоха хиляди"* (1 Царе 18:8).

Саул бил много смутен и помислил: „Как могат да ме сравняват с Давид? Той е най-обикновен овчар!"

Гневът му нараснал, докато мислил за забележката. Той не одобрявал хората да оценяват толкова лошо Давид и действията му изглеждали подозрителни. Саул считал, че Давид се стремял с поведението си да спечели сърцата на хората и мислил гневно за него: „Ако Давид вече е спечелил сърцата на хората, въстанието е само въпрос на време!"

Мислите му ставали все по-тревожни и Саул търсил възможност да го убие. Възползвал се от възможността и хвърлил копието си по него, когато страдал от зли духове и Давид свирил на арфа, за да го успокои. За щастие Давид се отдръпнал и се спасил. Саул не се отказал от намерението си да го убие и непрекъснато го преследвал с армията си.

Давид нямал желание да навреди на Саул, защото царят бил миропомазан от Бога и цар Саул знаел това, но пламъкът на ревността му не угасвал. Той постоянно страдал от тревожни мисли, породени от ревност. Саул нямал почивка заради ревността си към Давид, докато не загинал в битка с филистимците.

Хората, които завиждали на Моисей

В Числа 16, четем за Корей, Датан и Авирон. Корей бил левит, а Датан и Авирон били от племето на Рувим. Те имали зъб на Моисей и неговия брат и помощник Аарон. Недоволствали от факта, че Моисей бил принц на Египет и ги управлявал един бегълц и овчар па Мидиан. С други думи, самите те искали да станат водачи. Ето защо, те се съюзили с други хора, за да ги включат в тяхната група.

Корей, Датан и Авирон събрали 250 души, за да ги следват и се надявали да получат властта. Те отишли при Моисей и Аарон и спорили с тях: *„Събраха се, прочее, против Моисея и против Аарона и рекоха им: Стига ви толкоз! Цялото общество е свето, всеки един от тях, и Господ е всред тях. А защо възвишавате себе си над Господното общество?"* (Числа 16:3).

Макар и да не се въздържали да му се противопоставят,

Моисей не им отговорил нищо. Той просто коленичил пред Бог, за да се моли, опитал се да им покаже грешката им и помолил Бог да отсъди. По това време Божият гняв се надигнал срещу Корей, Датан, Авирон и хората с тях. Земята отворила устата си и Корей, Датан и Авирон, заедно с техните съпруги, синове и малки деца, слезли живи в Шеол. От ГОСПОД също се спуснал огън и погълнал двеста петдесет и петте мъже, които предлагали тамян.

Моисей не причинил никаква вреда на хората (Числа 16:15). Той просто направил всичко възможно, за да ги ръководи и доказал, че Бог бил с тях чрез чудесата и знаменията. Показал им десетте чуми в Египет; позволил им да пресекат Червено море по суша, като го разделил на две; дал им вода от скалата и им позволил да се хранят с манна и пъдпъдъци в пустинята. Дори и тогава, те клеветяли и се изправили пред Моисей, казвайки, че се издигал нагоре.

Бог също позволил на хората да видят какво голямо прегрешение било да завиждат на Моисей. Осъждането и критикуването на човек, който е установен от Бога, е същото като осъждането и критикуването на самия Бог. Следователно, не трябва нехайно да критикуваме църквите или организациите, които действат в името на Господ, обявявайки ги за грешни или еретични. Тъй като всички сме братя и сестри в Бога, ревността сред нас е голям грях пред Него.

Завистта за неща, които са безсмислени

Ще получим ли с ревност, каквото искаме? Изобщо не!

Възможно е да поставим другите в трудни ситуации и може би изглежда, че ги превъзхождаме, но в действителност, няма да получим всичко, което искаме. Яков 4:2 гласи: *„Пожелавате, но нямате; ревнувате и завиждате, но не можете да получите. Карате се и се биете; но нямате, защото не просите."*

Вместо ревност, обърнете внимание какво е записано в Йов 4:8: *„До колкото съм аз видял, ония, които орат беззаконие и сеят нечестие, това и жънат."* Злото, което извършвате, ще се върне към Вас като бумеранг.

Като отплата за злото, което посявате, ще срещнете нещастия във Вашето семейство или на работното място. Както Притчи 14:30 гласи: *„Тихо сърце е живот на тялото, а разяреността е гнилост на костите,"* ревността води само до собственото ощетяване и затова е безсмислена. Следователно, ако искате да превъзхождате другите, поискайте от Бога, който контролира всичко, вместо да хабите Вашата енергия в мисли и действия на ревност.

Разбира се, няма да получите всичко, което искате. В Яков 4:3 е записано: *„Просите и не получавате, защото зле просите, за да иждивявате в сластите си."* Няма да получите нещо за Вашите удоволствия, защото това не е Божията воля. Въпреки това, в повечето случаи хората желаят само водени от своето сладострастие. Молят се за богатство, слава и сила за своето собствено удобство и гордост. Това ме натъжава в процеса на моето духовенство. Реалната и истинска благословия не е богатство, слава и сила, а успехът на човешката душа.

Каква е ползата от нещата, които имате, ако не получите

спасение? Това, което трябва да запомним е, че всички неща на тази земя ще изчезнат като мъгла. 1 Йоаново 2:17 гласи: *„Ти светът преминава, и неговите похоти; а който върши Божията воля, пребъдва до века."* и Еклесиаст 12:8 гласи: *„Суета на суетите, казва проповедникът, всичко е суета."* Надявам се да не изпитвате завист към Вашите братя и сестри, като се привързвате към безсмислени неща на света, а имате сърце, което е праведно според Бога. Бог тогава ще отговори на желанията на Вашето сърце и ще Ви даде вечното Небесно царство.

Ревност и духовно желание

Хората вярват в Бога и стават ревниви, защото имат малко вяра и любов. Възможно е да пожелаете да спечелите богатство, слава и сила на този свят, ако не изпитвате любов към Бога и имате слаба вяра в Небесното царство. Братята и сестрите в Христос са много по-ценни от тези на Вашето земно семейство, ако сте напълно сигурни в правата на Божите деца, защото вярвате, че ще живеете завинаги с тях на Небето.

Дори невярващите, които не са приели Исус Христос, са ценни и трябва да ги поведем към небесното царство. Ще обичаме ближните си като самите нас с такава вяра, чрез култивиране на истинска любов. Ще се радваме, когато другите са добре, сякаш ние самите сме добре. Хората, които имат истинска вяра, не търсят безсмислените неща на света, а се стараят в делата на Господ, за да получат Небесното царство. По-конкретно, имат духовни желания.

От времето на Йоан Кръстител до наши дни, небесното царство страда от насилие и насилствените хора го взимат със сила (Матей 11:12).

Духовното желание е съвсем различно от ревността. Важно е да имаме желанието да бъдем ентусиазирани и предани в делото на Господ. Въпреки това, не е приемливо, ако тази страст пресече границата и се отклони от истината или ако принуждава другите да съгрешават. Докато се стараем в нашата работа за Господ, трябва да внимаваме за нуждите на хората около нас, да търсим тяхната полза и да се стремим към мир за всички.

4. Любовта не се превъзнася

Някои хора винаги се превъзнасят и не ги интересува какво чувстват другите, когато се хвалят. Просто искат да парадират с това, което имат, докато се стремят да спечелят признанието на околните. Йосиф се хвалил със своя сън, когато бил малко момче и това накарало братята му да го мразят. Тъй като баща му го обичал по специален начин, той в действителност не разбирал сърцето на братята си. По-късно го изпратили като роб в Египет и понесъл много изпитания, за да култивира духовна любов. Преди да култивират духовна любов, хората нарушават мира като се хвалят и превъзнасят. Ето защо, Бог казва: „Любовта не се превъзнася."

Да се превъзнасяме означава да разкрием и да изтъкнем себе си. Хората обикновено искат да бъдат признати, ако правят или имат нещо по-добро от другите. Какъв ще бъде резултатът от тази хвалба?

Например, някои родители са помпозни и обичат да се хвалят с децата си, които се учат добре. Други хора може да се зарадват с тях, но повечето имат наранена гордост и не се чувстват добре. Възможно е да нахокат детето си безпричинно. Независимо колко добро е детето Ви в учението, ако имате поне малко добрина, за да се съобразите с чувствата на другите, няма да се хвалите по този начин с него. Ще искате също и децата на ближните ви да се учат добре и ако го правят, с радост ще ги похвалите.

Хората, които се хвалят, обикновено нямат желание да признаят и да похвалят добрата работа, направена от другите.

В известна степен, те са склонни да ги унижат, защото мислят, че са затъмнени, ако останалите получат признание. Ето защо превъзнасянето причинява нещастия. Действайки по този начин, самохвалното сърце е далеч от истинската любов. Може би си мислите, че ако се хвалите, ще получите признание, но това само прави по-трудно за Вас да получите искрено уважение и любов. Вместо хората около Вас да Ви завиждат, това ще привлече злобата и ревността им. *„Но сега славно ви е да се хвалите. Всяка такава хвалба е зло"* (Яков 4:16).

Самохвалната гордост от живота произлиза от любовта към света

Защо хората се превъзнасят? Така е, защото имат самохвална гордост в себе си. Самохвалната гордост на живота се отнася за „природата на самохвалството според удоволствията на този свят." Това произлиза от любовта към света. Хората обикновено се хвалят с нещата, които считат за важни. Онези, които обичат парите, ще се хвалят с парите, които печелят и онези, които държат на външния вид, ще се хвалят със своята външност. По-конкретно, те поставят парите, външния облик, славата или социалната сила преди Бога.

Един от членовете на нашата църква имаше успешен бизнес, продавайки компютри на бизнес конгломерати от Корея и искаше да разшири бизнеса си. Взе различни видове заеми и инвестира в Интернет кафе и Интернет услуги. Фирмата му бе учредена с начален капитал от два милиарда вона, което се равнява на около два милиарда американски долара.

Въпреки всичко, оборотът бе нисък и загубите нараснаха до толкова, че фирмата фалира. Къщата му бе продадена на търг и кредиторите го преследваха. Наложи се да живее в малки къщи, на приземни или тавански етажи и тогава започна да се вглежда в себе си. Той осъзна, че имаше желание да се хвали с успеха си и бе алчен за пари; че създаде трудности на хората около него, защото разшири бизнеса си извън обхвата на неговите възможности.

Когато се разкая изцяло пред Бога от все сърце и отхвърли своята алчност, той стана щастлив, въпреки че работата му е да чисти канализации и септични резервоари. Бог взе под внимание неговата ситуация и му показа начин да започне нов бизнес. Сега върви по правилния път през цялото време и бизнесът му процъфтява.

1 Йоаново 2:15-16 гласи: „*Не любете света, нито каквото е на света. Ако люби някой света, в него няма любов към Отца. Защото всичко що е в света – похотта на плътта, пожеланието на очите, и тщеславието на живота – не е от Отца, но е от света.*"

Езекия, тринадесетият цар на Южна Юдея, бил праведен в очите на Бога и също пречистил Храма. Той преодолял нашествието на Аситиа чрез молитва; молил се със сълзи, когато се разболял и получил 15-годишно удължение на живота му. Въпреки това, в него все още имало самохвална гордост на живота. След като се възстановил от болестта, Вавилон изпратил свои дипломати.

Езекия бил много щастлив да ги посрещне и им показал цялата си къща на съкровищата, среброто, златото, подправките, ценното масло, цялата си хералдика и всичко, което било намерено в неговите съкровища. Заради неговото самохвалство, Южна Юдея била завладяна от Вавилон и всички съкровища били взети (Исая 39:1-6). Самохвалството идва от любовта на света и това означава, че човекът не изпитва любов към Бога. Следователно, за да култивираме истинска любов, трябва да отхвърлим самохвалната гордост от сърцата ни.

Да се хвалим с Господ

Има хвалба, която е добра. Това е да се хвалим с Господ, както е записано в 2 Коринтяни 10:17, *„А който се хвали, с Господа да се хвали."* Да се хвалим с Господ означава да величаем Бога, така че, колкото повече, толкова по-добре. Добър пример за такава хвалба е „свидетелството".

Павел казал в Галатяни 6:14: *„А далеч от мене да се хваля освен с кръста на нашия Господ Исус Христос, чрез който светът за мене е разпнат, и аз за света."*

Както той казал, ние се хвалим с Исус Христос, който ни спасил и ни дал небесното царство. Очаквала ни вечна смърт заради греховете ни, но благодарение на Исус, който платил за греховете ни на кръста, ние сме спечелили вечна любов. Колко благодарни трябва да бъдем!

Поради тази причина, апостол Павел се хвалил за нашата слабост. В 2 Коринтяни 12:9 е записано: *„И Той ми рече:*

Доволно ти е Моята благодат; защото силата Ми в немощ се показва съвършена. И тъй, с преголяма радост по-добре ще се похваля с немощите си, за да почива на мене Христовата сила."

В действителност, Павел извършил много чудеса и знамения, хората дори носили на болните докоснати от него кърпички или престилки, за да оздравеят. Направил три мисионерски екскурзии, повел много хора към Господ и основал църкви в множество градове. Въпреки това твърдял, че заслугата не била негова. Хвалил се, че Божието милосърдие и силата на Господ му позволили да извърши всичко.

Днес много хора свидетелстват, че са срещнали и изпитали живия Бог в своя всекидневен живот. Те представят любовта на Бога, казвайки, че са получили изцеление на болести, финансови благословии и мир в семейството, когато са търсили Бога ревностно и са показали делата на неговата любов към Него.

Както е записано в Притчи 8:17: *"Аз любя ония, които ме любят, и ония, които ме търсят ревностно, ще ме намерят,"* те са благодарни за това, че са изпитали голямата любов на Бога и са придобили голяма вяра, което означава, че са получили духовни благословии. Такова самохвалство в Господ възхвалява Бога и посажда вяра и живот в сърцата на хората. По този начин те съхраняват награди на Небето и по-бързо ще получат отговор на желанията на сърцата си.

Трябва да внимаваме за едно нещо тук. Някои хора казват, че възхваляват Бога, но в действителност искат да направят известни себе си или това, което са направили. Те намекват индиректно, че са били способни да получат благословии със собствените си усилия. Изглежда отдават слава на Бога, но в действителност възхваляват себе си. Сатаната ще отправи обвинения срещу такива хора. В крайна сметка, ще се разкрие резултатът от самохвалството им; ще срещнат различни видове проверки и изпитания, или просто ще се отделят от Бога, ако никой не ги признае.

Римляни 15:2 гласи: *„Всеки от нас да угождава на ближния си, с цел към това, което е добро за назиданието му."* Както беше казано, ние трябва винаги да говорим за назиданието на нашите близки и да им вдъхваме вяра и живот. Така, както водата се пречиства, преминавайки през филтър, ние трябва да пречистваме думите си преди да говорим, замисляйки се дали нашите думи ще назидаят или ще наранят чувствата на слушателите.

Да отхвърлим самохвалната гордост на живота

Макар и да има много неща, с които да се похвали, никой няма да живее завинаги. След живота на тази земя, всеки ще отиде на Небето или в Ада. На Небето, дори пътищата, по които вървим, са направени от злато и богатството там е несравнимо с богатството на този свят. Това означава, че самохвалството на този свят е безсмислено. Също така, дори и човек да има толкова голямо богатство, слава, знание и сила, може ли да се хвали с тях, ако отиде в Ада?

Исус казал: *„Понеже какво ще се ползува човек, ако спечели целия свят, а живота си изгуби? Или какво ще* даде човек в замяна на живота си? Защото Човешкият Син ще дойде в славата на Отца Си със Своите ангели; и тогава ще въздаде всекиму според делата му" (Матей 16:26-27).

Самохвалството на света никога не може да даде вечен живот или осветяване. Вместо това, събужда безсмислени желания и ни води до унищожение. Когато осъзнаем този факт и изпълним сърцето си с надеждата за Небето, ще получим силата да отхвърлим самохвалната гордост от живота. Това е подобно на детето, което лесно си тръгва със старата и евтина играчка, когато получи нова. Тъй като знаем за удивителната красота на небесното царство, ние не се стремим и не се борим да получим нещата на този свят.

След като отхвърлим самохвалната гордост на живота, ще се гордеем само с Исус Христос. За нас няма да има нищо на този свят, с което да си заслужава да се хвалим и ще се гордеем единствено със славата, на която ще се радваме завинаги на небесното царство. Тогава ще бъдем изпълнени с непозната до този момент радост. Дори и да срещнем трудности в живота си, няма да ги считаме за толкова тежки. Ще благодарим само за любовта на Бога, който отдал Своя единствен роден Син Исус, за да ни спаси и така ще бъдем изпълнени с радост във всякакви обстоятелства. Ако не търсим самохвалната гордост от живота, няма да се чувстваме толкова приповдигнато, когато получаваме похвали или да се обезсърчаваме, когато ни критикуват. Ние смирено ще проверяваме себе си, когато ни хвалят, ще благодарим, когато ни упрекват и ще се опитваме да се променим.

5. Любовта не се гордее

Хората, които се хвалят, считат себе си за по-добри от другите и стават арогантни. Ако нещата им вървят добре, те мислят, че това е така, защото са свършили добра работа и стават самонадеяни или мързеливи. Библията казва, че един от пороците, които Бог мрази най-много, е арогантността. Арогантността е също основната причина хората да построят Вавилонската кула, за да се състезават с Бога, заради което Бог разделил езиците.

Характеристики на арогантните хора

Арогантният човек счита себе си за по-добър от другите и затова ги презира или пренебрегва. Такъв човек чувства, че превъзхожда другите във всички отношения и счита себе си за най-добър. Той презира, гледа високомерно и се опитва да назидава другите по всички въпроси; лесно демонстрира арогантност към онези, които изглеждат по-нисшестоящи от него. Понякога, воден от прекомерната си арогантност, пренебрегва онези, които са го учили и ръководили, както и тези, които заемат по-висша длъжност в бизнеса или в социалната йерархия; не е склонен да се вслушва в съвети, упреците и наставленията на неговите ръководители към него и се оплаква: „Шефът ми говори така, защото изобщо няма представа за какво става въпрос" или: „Аз знам всичко и мога да го направя много добре."

Такъв човек предизвиква много спорове и кавги с другите. Притчи 13:10 гласи: *"От гордостта произхожда само препиране, а мъдростта е с ония, които приемат съвети."* 2 Тимотей 2:23 ни казва: *"А отричай се от глупавите и просташките разисквания, като знаеш, че пораждат крамоли."* Ето защо е много глупаво и погрешно да мислите, че само Вие сте прави.

Всеки човек има различно съзнание и познание според това, което е видял, чул, изпитал и научил. Голяма част от знанието на човека е погрешно и неправилно съхранено. При утвърждаване на това познание в нас в продължение на дълго време, се формират самоувереност и стереотипи. Самоувереността означава да настояваме, че само нашето мнение е правилно и когато това се потвърждава, то се превръща в начин на мислене. Някои хора формират своите стереотипи с тяхната индивидуалност или с познанието, което имат.

Стереотипът е като скелетът на човешкото тяло. Той формира индивидуалната форма и е трудно да се разчупи. Повечето мисли произлизат от собствената самоувереност и стереотипи. Човек, който има чувство за малоценност, реагира много остро, ако другите го сочат с пръст и го обвиняват. Или, както гласи една приказка, ако един богаташ оправи дрехите си, хората мислят, че той се хвали и парадира с тях. Ако някой използва сложен или тежък речник, хората мислят, че той се хвали с познанието си и гледа високомерно на тях.

В основното училище ни учиха, че Статуята на свободата се намира в Сан Франциско. Живо си спомням как учителят ми я показа на снимка и на картата на Съединените щати. В началото на 90-те години, отидох в САЩ за провеждане на обединена изцерителна служба и научих, че Статуята на свободата в действителност се намира в Ню Йорк.

Дотогава знаех, че статуята се намира в Сан Франциско и не разбирах защо е в Ню Йорк. Попитах хората около мен и те потвърдиха, че в действителност се намира в Ню Йорк. Осъзнах, че знанието, което считах за достоверно, в действителност не беше правилно. В този момент помислих, че това, което считах за правилно, също може да се окаже грешно. Много хора вярват и настояват за неща, които считат за правилни.

Дори и когато грешат, арогантните хора няма да го признаят, а ще продължат да настояват на своето мнение и това ще доведе до кавги. Скромните хора няма да спорят, дори ако другият човек греши. Дори и да са 100% сигурни, че са прави, те допускат, че е възможно да грешат, защото нямат никакво намерение да победят другите в един спор.

Скромното сърце притежава духовна любов, която счита другите за по-добри. Дори и другите хора да са по-необлагодетелствани, по-малко образовани или да имат по-малка социална власт, със смирено съзнание ще ги считаме за по-добри от нас от все сърце. Ще считаме всички души за много ценни, защото Исус пролял кръвта Си за тях.

Физическа и духовна арогантност

Човек лесно може да разбере арогантността, ако показва такива дела на неистината, хвали се и презира другите. Лесно ще се освободим от тези качества на физическата арогантност, когато приемем Господ и опознаем истината. От друга страна, не е лесно да разберем и да отхвърлим духовната арогантност. Какво представлява духовната арогантност?

Когато посещавате църквата дълго време, натрупвате много познания за Божието слово. Възможно е също да получите звания и длъжности в църквата или да бъдете избрани за ръководител. Тогава изпитвате чувството, че сте натрупали значителни познания за Божието слово в сърцето си, които са достатъчни, за да мислите: „Постигнах толкова много. Трябва да съм прав за повечето неща!" Възможно е да порицавате, упреквате и осъждате другите с Божието слово, съхранено като знание, мислейки, че отличавате правилното от грешното според истината. Някои лидери в църквата се стремят към собствената полза и нарушават правилниците и заповедите, които би трябвало да спазват. Те определено нарушават църковните заповеди в действията си, но мислят: „За мен това не е проблем, защото заемам такава длъжност. Аз съм изключение." Такъв начин на мислене показва духовната арогантност.

Нашата изповед не е истинска, ако признаваме любовта ни към Бога, пренебрегвайки закона и Божия ред с арогантно сърце. Не може да се счита, че притежаваме истинска любов, ако осъждаме и упрекваме другите. Истината ни учи да виждаме, чуваме и да говорим само добри неща за другите.

> *Не се одумвайте един друг, братя. Който одумва брата или съди брата си, одумва закона и съди закона; а ако съдиш закона, не си изпълнител на закона, но съдия (Яков 4:11).*

Как се чувствате, когато откривате слабостите на другите? Джак Корнфийлд, в своята книга Изкуството на прошката, обича и мира, пише за различен начин за справяне с непохватните действия.

„В племето Бабемба в Южна Африка, когато един човек действа безотговорно или неправилно, той е оставен в центъра на селото, сам и свободен. Всякаква работа спира и всички мъже, жени и деца в селото се събират в голям кръг около обвинения. Тогава всички хора от племето говорят на обвинения, един по един, припомняйки добрите неща, които е направил в живота си. Те разказват за всеки инцидент, всяко преживяване, за което си спомнят точно и с подробности. Всички негови положителни качества, добри дела, силни страни и любезност са изброени внимателно и подробно. Тази церемония на племето често продължава няколко дни. Накрая кръгът се разпръсква, започва радостно тържество и човекът символично и буквално е приветстван отново в племето."

Чрез този процес, хората, които са съгрешили, възстановяват своята самоувереност и решават да помагат на племето. Благодарение на този своеобразен съд, престъпленията са рядкост в тяхното общество.

Когато виждаме грешките на другите, ние първо ги осъждаме и упрекваме или взема надмощие нашето милостиво и състрадателно сърце. С тази мярка можем да проверим в каква степен сме култивирали скромност и любов. Като проверяваме постоянно себе си, не трябва да се задоволяваме с това, което вече сме постигнали, само защото сме вярващи от дълго време.

Преди да стане напълно осветен, природата на всеки човек позволява появата на арогантност. Ето защо, много е важно да я изкореним. Тя може да се появи отново във всеки момент, ако не я отстраним изцяло чрез страстни молитви. По същия начин, ако подрежете бурените, те ще продължат да излизат отново, докато не ги изкорените изцяло. По-конкретно, ако греховната природа не е изцяло изкоренена от сърцето, съзнанието отново ще стане арогантно, след като човек е живял с вяра дълго време. Следователно, трябва винаги да смиряваме себе си като деца пред Господ, да считаме другите за по-добри от нас и непрекъснато да се стремим да култивираме духовна любов.

Арогантните хора вярват в себе си

Навуходоносор открил златната епоха на Великия Вавилон. Едно от древните чудеса, Висящите градини, било направено по негово време. Той бил горд, че цялото му царство и всички работи били направени чрез неговата сила. Построил статуя на себе си и накарал хората да я почитат. Даниил 4:30 гласи: *„Царят проговори, казвайки: Не е ли велик тоя Вавилон, който аз съградих с мощната си сила за царското жилище и за славата на величието си!?"*

Бог накрая го накарал да разбере кой бил истинският ръководител на света (Даниил 4:31-32). Той бил прогонен от двореца, хранил се с трева като кравите и живял като диво животно в пустинята в продължение на седем години. Какво значение имал неговият трон в този момент? Не можем да спечелим нищо, ако Бог не го позволи. Навуходоносор възстановил обичайното си състояние след седем години. Той осъзнал своята арогантност и признал Бога. Даниил 4:37 гласи: *„Сега аз Навуходоносор хваля, превъзнасям и славя небесния Цар; защото всичко що върши е с вярност, и пътищата Му са справедливи; а Той може да смири ония, които ходят горделиво."*

Това не се отнася само за Навуходоносор. Някои невярващи в света казват: „Вярвам в себе си", но за тях не е лесно да победят света. Много проблеми в света не са по силите на човека. Дори най-новите и съвременни научни постижения и технологии са безполезни пред природните бедствия, включително тайфуни, земетресения и други неочаквани катастрофи.

Колко много болести не могат да бъдат излекувани от модерната медицина? Въпреки това, голям брой хора разчитат на себе си, вместо на Бога, когато срещат различни проблеми. Те разчитат на своите мисли, опит и знание, но се оплакват от Бога, въпреки че не вярват в Него, когато нямат успех и продължават да имат проблеми. Това е заради арогантността, с която са изпълнени сърцата им. Заради тази арогантност, те не признават своята слабост и не признават смирено Бога.

По-жалкото е, че някои вярващи в Бога разчитат на света и на себе си, вместо на Него. Бог иска Неговите деца да преуспяват и да живеят с помощта Му. Той не може да Ви помогне, ако не желаете да се смирите пред него във Вашата арогантност. Тогава не можете да бъдете защитени срещу врага дявол или да преуспявате в живота си. Както Бог казва в

Притчи 18:12: „*Преди загиването сърцето на човека се превъзнася, и преди прославянето то се смирява,*" това, което Ви причинява провали и унищожение, не е нищо друго, освен Вашата арогантност.

Бог счита арогантния човек за глупак. Колко незначително е присъствието на човека в сравнение с Бога, който прави трон на небето и табуретка на земята? Всички хора са направени по образ на Бога и всички сме равни като Негови деца, независимо дали заемаме висока или ниска длъжност. Независимо с колко неща се гордеем на този свят, животът на тази земя е само моментен. Когато завърши този кратък живот, всеки ще бъде съден пред Бога. Ще бъдем въздигнати на Небето според това, което сме направили скромно на тази земя. Така е, защото Господ ще ни въздигне, както гласи Яков 4:10: „*Смирявайте се пред Господа, и Той ще ви възвишава.*"

Ако водата престоява в една малка локва, тя ще застои, ще загние и ще се изпълни с червеи. Но ако водата непрекъснато тече надолу по склона, накрая ще стигне морето и ще създаде живот на много живи същества. По същия начин, нека смирим себе си, за да станем велики в очите на Бога.

Характеристики на духовната любов I	
	1. Тя е търпелива
	2. Тя е милостива
	3. Не завижда
	4. Не се превъзнася
	5. Не се гордее

6. Любовта не безобразничи

„Маниери" или „Етикет" е правилният начин за действие в обществото, който се отнася за отношението и поведението на хората към другите. Има различни видове културен етикет в нашия ежедневен живот, например етикетът в нашите разговори, хранене или нашето поведение на обществени места, като театри.

Правилните обноски са важна част от нашия живот. Социално-приемливите поведения, които са подходящи за всяко място и случай, обикновено създават благоприятни впечатления на другите. От друга страна, ако не покажем правилни поведения и ако пренебрегнем основния етикет, ще причиним неудобство на хората около нас. Освен това, ако кажем, че обичаме някого, но действаме неподобаващо към него, би било трудно да повярва, че в действителност го обичаме.

Онлайн речникът на Мериам Уебстър дефинира „неподобаващ" като „неотговарящ на стандартите, подходящи за съответната длъжност или начин на живот." Има също различни видове културен етикет в нашия всекидневен живот, като приветствия и разговори. За наша изненада, много хора не осъзнават, че са действали неподобаващо, дори и след като са били груби. По-конкретно, за нас е по-лесно да действаме неподобаващо към хората, които са ни най-близки. Така е, защото сме склонни да действаме грубо или невъзпитано, когато се чувстваме удобно с някого.

Никога няма да действаме неподобаващо, ако изпитваме истинска любов. Представете си, че имате много ценно и красиво бижу. Ще се отнасяте ли небрежно с него? Ще бъдете много предпазливи и внимателни, за да не го счупите, повредите или загубите. По същия начин, колко внимателно ще се държите към този, когото наистина обичате?

Има два вида неподобаващо поведение: грубост пред Бога и грубост към хората.

Неподобаващо действие към Бога

Много от хората, които вярват в Бога и твърдят, че Го обичат, в действителност са далеч от любовта към Него, ако съдим по делата и думите им. Например, заспиването по време на службите е една от най-големите грубости към Бога.

Заспиването по време на религиозна служба е същото като да заспим в присъствието на самия Бог. Би било доста грубо да заспим пред президента на една държава или пред Главния изпълнителния директор на една фирма. Колко по-неподобаващо би било да заспим пред Бога? Не бихте могли след това да продължите да твърдите, че все още обичате Бога. Или, представете си, че срещате любимия Ви човек и заспите пред него. Как бихте могли да кажете, че го обичате истински?

Също така, неподобаващо е да имате лични разговори с хората до Вас по време на религиозна служба или да мечтаете. Такъв вид поведение показва, че човек не почита и не обича Бога.

Това се отнася също и за проповедниците. Представете си, че един вярващ, който говори с друг човек до себе си, има блуждаещи мисли или задрямва. В този случай, проповедникът може да се зачуди дали посланието не е достатъчно добро. Той може да загуби вдъхновението на Светия дух и да не е в състояние да проповядва с пълнотата на Духа. Всички тези действия накрая ще причинят неудобства и на други вярващи.

Същото е с напускането на църквата по време на служба. Разбира се, някои доброволци трябва да излязат навън във връзка със своите задължения, за да помогнат с боготворителните служби. Въпреки това, с изключение на много специални случаи, правилното е да се излезе, едва след края на службата. Някои хора мислят: „Можем просто да чуем посланието" и си тръгват малко преди да завърши службата, но това означава да действат неподобаващо.

Религиозната служба днес е сравнително същата като приношението на всесизгаряне в Стария завет. Когато отдавали жертвоприношения на всеизгаряне, те трябвало да нарежат животните на парчета и след това да изгорят всички части (Левит 1:9).

Това, в днешния смисъл, означава да направим правилна и цялостна религиозна служба от начало до край, според определени формалности и процедури. Трябва да спазваме всяка заповед по време на службата от все сърце, започвайки с тихата молитва и завършвайки с благословията или Молитвата на Господ. Когато пеем песни за възхвала или се молим, или дори по времето на приношения и съобщения, трябва да ги отдаваме от все сърце. Трябва да отдаваме от все сърце всички официални църковни служби, всякакъв вид събрания за молитва и религиозни служби.

За да почитаме Бога от все сърце, преди всичко, не трябва да закъсняваме за службата. След като не е правилно да закъсняваме за срещите с други хора, колко неподобаващо е да закъсняваме за нашата среща с Бога? Бог винаги очаква на мястото за молитви, за да приеме нашата почит.

Следователно, не трябва да идваме непосредствено преди започването на службата. Правилно е да дойдем по-рано, да се молим с разкаяние и да се подготвим за службата. Освен това, използването на мобилни телефони по време на религиозна служба и позволяването на Вашите деца да тичат наоколо означава да действате неподобаващо. Дъвченето на дъвка или храненето по време на служба влиза в тази категория на неподобаващи действия.

Личният външен вид за службата също е важен. Обикновено не е правилно да дойдете в църквата с домашни или работни дрехи, защото облеклото е начин да изразим нашата почит и уважение към другите. Децата на Бога, които истински вярват в Него, знаят колко ценен е Бог. Ето защо, когато Го възхваляват, те носят своите най-чисти дрехи.

Разбира се, има изключения. За службата в сряда или за петъчната вечерна служба, много хора идват директно от своята работа. Те бързат, за да пристигнат навреме и идват с работно облекло. В подобен случай, Бог не казва, че действат грубо, а вместо това се радва, защото получава аромата на сърцето им, докато се опитват да дойдат навреме на службата, дори когато са заети със своята работа.

Бог иска да е близо до нас чрез религиозните служби и молитви. Това са задълженията на Божите деца. Молитвата е разговор с Бога. Понякога, докато се молим, някой може да ни потупа и да прекъсне молитвата ни заради спешност.

Това е също като прекъсването на хората, докато разговарят със своите управители. Също така, неподобаващо поведение е да отворите очите си и да спрете да се молите, защото някой Ви вика. В този случай, първо трябва да свършите да се молите и след това да отговорите.

Бог ни отвръща с благословии и награди и отговаря на нашите молитви по-бързо, ако отдаваме нашата възхвала и молитва в духа и истината, защото получава аромата на нашето сърце с удоволствие. Ще издигнем стена от грях срещу Бога, ако натрупваме неподобаващи действия за година, две години и т.н. Ще има много проблеми дори и между мъжа и жената или между родители и деца, ако продължават отношенията без любов. Същото е и с Бог. Няма да бъдем защитени от болести или инциденти и ще срещнем различни проблеми, ако сме построили стена между нас и Бога. Няма да получим отговори на нашите молитви, дори и да се молим за дълго време. Ще разрешим много проблеми, ако имаме правилно отношение с възхвала и молитва.

Църквата е Светия дом на Бог

Църквата е място, където живее Бог. Псалми 11:4 гласи: *„Господ е в светия Си храм, Господ, чийто престол е на* *небето."*

Не всеки имал право да отиде в светото място по времето на Стария завет. Само свещениците имали право да влизат. Веднъж годишно и само първосвещеникът можел да влезе в Светая светих вътре в Светото място. В днешно време, с милосърдието на Господ, всеки може да влиза в храма и да Го почита, защото Исус ни изкупил за греховете с Неговата кръв, както е записано в Евреи 10:19: *„И тъй, братя, като имаме чрез кръвта на Исуса дръзновение да влезем в светилището."*

Светилището не означава само мястото, където почитаме Бога. Това е всяко пространство в границите на църквата, включително дворът и всички други помещения. Следователно, където и да сме в църквата, трябва да внимаваме за всяка наша дума и действие. В църквата не трябва да се ядосваме, да спорим, да говорим за светски развлечения или за бизнес. Също се отнася и за невнимателното отношение към светите неща на Бога в църквата, които не трябва да чупим, повреждаме или изхабяваме.

По-конкретно, в църквата е неприемлива продажбата или покупката на неща. В днешно време, с развитието на продажбите в Интернет, някои хора плащат в църквата за това, което са купили в Интернет, и получават там продукта. Това е определено е бизнес сделка. Трябва да си спомним, че Исус преобърнал масите на обменниците на пари и прогонил онези, които продавали животни за жертвоприношения. Исус не позволявал дори продажбата на животни в Храма, които били предназначени за приношения. Следователно, не трябва да продаваме или купуваме в църквата за лични нужди. Същото се отнася и за наличието на пазар в църковния двор.

Всички места в църквата са предназначени за възхвала на Бога и за приятелство с братята и сестрите в Господ. Трябва да внимаваме да не станем безчувствени към светостта на църквата, когато се молим и често имаме събрания в нея. Няма да действаме неподобаващо в църквата, ако я обичаме, както е записано в Псалми 84:10: *"Защото един ден в Твоите дворове е по-желателен от хиляди други дни. Предпочел бих да стоя на прага в дома на моя Бог, отколкото да живея в шатрите на нечестието."*

Неподобаващите действия към хората

Библията казва, че този, който не обича брата си, не може да обича и Бога. Ако ние действаме неподобаващо към други хора, които са видими, как ще изпитваме най-голямо уважение към Бога, който е невидим?

"Ако рече някой: Любя Бога, а мразя брата си, той е лъжец; защото, който не люби брата си, когото е видял, не може да люби Бога, когото не е видял" (1 Йоаново 4:20).

Нека да разгледаме обичайни неподобаващи действия в нашия ежедневен живот, които лесно не забелязваме. Обикновено проявяваме голяма грубост, ако търсим собствената ни полза, без да се съобразяваме с другите. Например, трябва да спазваме определена етика, когато говорим по телефона. Не е възпитано да говорим с някого късно вечер, през нощта или в продължение на часове. Други примери за неучтивост са да закъсняваме за срещи, да посещаваме неочаквано дома на някого или да пристигнем без предизвестие.

Човек може да си помисли: „Ние сме толкова близки, не е ли прекалено формално да мислим за всички тези неща между нас?" Трябва да имате наистина добри отношения, за да разберете всички неща за другия човек и пак е трудно да разберете изцяло сърцето му. Възможно е да мислим, че изразяваме нашето приятелство към другия човек, но той да го приеме различно. Следователно, трябва да разсъждаваме от негова гледна точка; да обърнем особено внимание, за да не бъдем неучтиви към някого, който е много близко и се чувства добре с нас.

Много пъти произнасяме небрежни думи или действаме нехайно, наранявайки чувствата или обиждайки хората, които са най-близо до нас. Действаме грубо към членове на семейството или много близки приятели по този начин, отношенията ни се обтягат и накрая стават конфликтни. Също така, някои възрастни се държат неподобаващо към по-младите или към заемащите по-ниска длъжност. Те говорят без уважение или имат заповедно отношение, причинявайки другите да се чувстват неудобно.

В днешно време е трудно да намерим хора, които от все сърце уважават своите родители, учители и по-възрастни хора, на които очевидно трябва да служим. Някой ще каже, че ситуациите са различни, но има нещо, което никога не се променя. Левит 19:32 гласи: „*Пред белокосия да ставаш, и старческото лице да почиташ, и от Бога си да се боиш. Аз съм Господ.*" Божията воля за нас е да спазваме задълженията си, дори сред хората. Божите деца също трябва да спазват закона и реда на този свят и да не действат неподобаващо. Например, действаме неподобаващо към много хора, ако причиняваме безредици на обществено място, плюем на улицата или нарушаваме законите за движение по пътищата. Християните са светлината и солта на света и затова трябва да бъдем много внимателни за нашите думи, действия и поведения.

Законът на любовта е основният стандарт

Повечето хора прекарват по-голяма част от времето си с други хора, срещат се и разговарят с тях, хранят се с тях, работят с тях. В този смисъл, има много видове културен етикет в нашия ежедневен живот. Всеки има различна степен на образование и културите са различни в различните държави и сред различните раси. Какъв тогава трябва да е стандартът в нашите обноски?

Законът на любовта е в сърцата ни. Законът на любовта се отнася за закона на Бога, който е самата любов. По-конкретно, според степента, в която гравираме Божието слово в сърцето си и го спазваме, ще имаме качествата на Бога и няма да действаме неподобаващо. Друго значение в закона на любовта е „съобразяване".

Един човек си прокарвал път в тъмната нощ с лампа в ръка. Друг човек вървял в противоположната посока и забелязал, че мъжът с лампата бил сляп. Попитал го защо носил лампа, след като не можел да вижда. Мъжът казал: „Нося я, за да не се блъснеш в мен. Тази лампа е за теб." Можем да разберем смисъла на съобразяването от тази история.

Съображението за другите, макар и да изглежда банално, има голямата сила да разчуства сърцата на хората. Неподобаващите действия произлизат от несъобразяването с другите, което означава, че липсва любов. Ако наистина обичаме другите, ние винаги ще се съобразяваме с тях и няма да действаме неподобаващо.

В селското стопанство, ако отстраним голяма част от лошите плодове, останалите плодове ще поемат всички хранителни вещества, ще имат прекалено дебела кожа и вкусът им няма да е добър. Ако не се съобразяваме с другите, за момента ще бъдем способни да се наслаждаваме на всички налични неща, но ще се превърнем в неприятни и дебелокожи хора, като плодовете, които са прекалено подхранени.

Следователно, както гласи Колосяни 3:23: *„Каквото и да вършите, работете от сърце, като на Господа, а не като на човеци"* – трябва да служим на всички с най-голямо уважение, както служим на Господ.

7. Любовта не търси своето

Не е трудно да намерим егоизъм в този модерен свят. Хората търсят своята лична полза, а не доброто на другите. В някои страни слагат вредни химикали в млякото на прах, предназначено за бебета. Някои хора причиняват голяма вреда на собствената си държава, крадейки технология, която е много важна за нея.

Заради проблема „не е в моя двор", за правителството е трудно да построи обществени средства, като поля или обществени крематориуми. Хората не ги е грижа за доброто на други хора, а само за собственото им благополучие. Макар и не толкова екстремни като тези случаи, ние също можем да намерим много егоистични действия в ежедневния ни живот.

Например, няколко колеги или приятели отиват да се хранят заедно. Те трябва да изберат какво да ядат и един от тях настоява на това, което той иска да яде. Друг човек се съгласява с него, но вътрешно несгодува. Трети човек винаги пита първо за мнението на другите. Тогава, ако харесва храната, която другите са избрали, той винаги я яде с радост. В коя категория принадлежите вие?

Група от хора имат среща, за да се подготвят за едно събитие. Има няколко различни мнения. Един човек се опитва да убеди другите, докато се съгласят с него. Друг не настоява на мнението си толкова много, но когато не харесва чуждото мнение, той неохотно го приема.

Трети човек слуша другите винаги, когато изразяват

мнението си. Той се опитва да следва идеята им, дори и да е различна от неговата. Тази разлика произлиза от размера на любовта, която имаме всички в сърцето си.

Различията в мненията, последващите кавги и спорове са причинени, защото хората търсят само собствения си интерес, настоявайки на собственото си мнение. Партньорите в една семейна двойка постоянно ще имат сблъсъци и няма да се разбират взаимно, ако настояват винаги на собствените си искания. Те ще имат мир, ако отстъпят и се разбират помежду си, но съгласието често се нарушава, защото всеки от тях настоява на собственото си мнение.

Ако обичаме някого, ние ще се грижим за него повече, отколкото за нас самите. Нека да разгледаме любовта на родителите. Повечето родители мислят първо за своите деца и след това за себе си. Ето защо, предпочитат да чуят: „Дъщеря ти е толкова красива," вместо „Ти си красива."

Вместо самите те да се хранят с вкусна храна, те са по-щастливи, когато децата им се хранят добре. Вместо самите те да носят хубави дрехи, те са по-щастливи да облекат децата си с хубави дрехи. Също така, те искат децата им да бъдат по-интелигентни от тях самите, да бъдат признати и обичани от другите. Колко доволен ще бъде Бащата Бог с нас, ако ние отдаваме такъв вид любов на ближните ни и на всеки друг!

Авраам търсим ползата за другите с любов

Да поставим чуждите интереси пред нашите собствени произлиза от пожертвувателната любов. Авраам е добър пример за човек, който търси първо ползата за другите, а след това своята собствена.

Авраам напуснал родния си град, последван от неговия племенник Лот, който също получил големи благословии. Двамата понякога спорили помежду си, защото притежавали много животни и нямало достатъчно вода за стадата им.

Авраам не искал мирът да бъде нарушен. Той оставил на Лот да избере първи коя част от земята искал, за да се оттегли в другата. Най-важната част от грижата за стадата е наличието на трева и вода и да отстъпят по-добрата земя означавало да отстъпят средствата си за препитание.

Авраам обичал Лот и се съобразил с него. Лот не разбирал любовта му и избрал по-добрата земя в долината на река Йордан. Нима Авраам се почувствал неудобно, защото Лот не се колебал да избере веднага по-доброто за себе си? Изобщо не! Той бил щастлив, че племенникът му взел добрата земя.

Бог видял доброто сърце на Авраам и го благословил още повече, където отивал. Той станал богат човек и го уважавали дори царете в областта. Подобно на тази история, със сигурност ще получим благословии от Бога, ако търсим първо доброто на другите, а не нашето собствено.

Радостта ни ще бъде по-голяма от всичко друго, ако даваме нещо от себе си на нашите любими хора. Подобна радост разбират само онези, които са отдали нещо много ценно на своите любими. Исус изпитвал такава радост. Такова голямо щастие може да се притежава, когато култивираме съвършена любов. Трудно е да даваме на онези, които мразим, но изобщо не е трудно да даваме на онези, които обичаме. Ще бъдем щастливи, отдавайки.

Да се радваме на най-голямото щастие

Съвършената любов ни позволява да се радваме на най-голямо щастие. За да имаме съвършена любов, като Исус, трябва да мислим първо за другите, преди нас самите. Бог се грижи за нас, когато отдаваме предимство на ближните ни, Бог, Господ и църквата, вместо нас самите. Той ни връща нещо по-добро, когато търсим ползата за други хора. На Небето ще се съхраняват нашите небесни награди. Ето защо Бог казва в Деяния 20:35: *„По-блажено е да дава човек, отколкото да приема."*

Тук трябва да бъдем ясни за едно нещо. Не трябва да си причиняваме здравословни проблеми като работим предано за Божието царство, извън пределите на нашите физически сили. Бог ще приеме сърцето ни, ако се опитваме да бъдем предани извън нашите възможности, но нашето физическо тяло се нуждае от почивка. Трябва да се погрижим също за благополучието на душата ни като се молим, постим и научаваме Божието слово, а не само като работим за църквата.

Някои хора предизвикват неудобства или вреда на членовете на своите семейства или други хора, като прекарват прекалено много време за религиозни или църковни дейности. Например, не могат правилно да изпълняват своите задължения в работата, защото постят. Студентите пренебрегват своето учение, за да участват в дейности на неделното училище.

В горепосочените случаи, възможно е да помислят, че не търсят собствената изгода, защото работят усилено, но това не е вярно. Въпреки факта, че работят за Господ, те не са предани в целия дом на Бога и това означава, че не изпълняват всичките си задължения на Божи деца. В крайна сметка, те търсят само собствената изгода.

Какво трябва да направим, за да избегнем търсенето на нашата изгода във всички неща? Трябва да разчитаме на Светия дух. Светият дух, който е сърцето на Бога, ни ръководи към истината. Ще живеем само за Божията слава, ако правим всичко с ръководството на Светия дух, както казва апостол Павел: *„И тъй, ядете ли, пиете ли, нещо ли вършите, всичко вършете за Божията слава"* (1 Коринтяни 10:31).

За да бъдем способни да направим това, трябва да отхвърлим злото от нашето сърце. Освен това, мъдростта на добрината ще ни изпълни, за да отличаваме Божията воля във всяка ситуация, ако култивираме истинска любов в сърцето си. Както е посочено по-горе, всички неща ще вървят добре с нас и ние ще бъдем здрави, за да бъдем предани на Бога в пълна степен, ако душата ни преуспява. Ще бъдем също обичани от ближните си и от членовете на нашето семейство.

Когато младоженците идват, за да получат молитвата ми за благословия, аз винаги се моля за тях, за да търсят първо доброто за другия. Няма да имат спокойно семейство, ако търсят собствената си полза.

Способни сме да търсим доброто за хората, които обичаме или които са от полза за нас. Какво да кажем за тези, които винаги ни създават трудности по всеки въпрос и търсят собствената си полза? Какво да кажем за хората, които причиняват вреда или ни карат да страдаме, или онези, които с нищо не могат да ни помогнат? Как се отнасяме с хората, които не действат в истината и говорят лошо през цялото време?

В тези случаи, продължаваме да търсим доброто за нас, ако просто ги избягваме или не желаем да се пожертваме за тях. Трябва да бъдем способни да пожертваме себе си и да помогнем дори на хората с различни идеи от нашите. Само тогава можем да бъдем считани за индивиди, отдаващи духовна любов.

8. Любовта не се раздразнява

Любовта прави позитивно човешкото сърце. От друга страна, гневът прави сърцето негативно. Гневът наранява сърцето и го мрази мрачно. Ето защо, ако се разгневите, не можете да обитавате в любовта на Бога. Омразата и гневът са най-големите капани, които врагът Дявол и Сатаната поставя пред Божите деца.

Да бъдем раздразнени не означава само да се ядосваме, да викаме, да проклинаме и да бъдем сприхави. Част от раздразнението е лицето ви да се изкриви, цветът му да се промени и да започнете да говорите рязко. Въпреки че степента е различна според обстоятелствата, това все още е външен израз на омразата и негативните чувства в сърцето. Не трябва да съдим или упрекваме другите само според външния им израз, мислейки, че са ядосани. Не е лесно за никого да разбере с точност сърцето на друг човек.

Исус веднъж прогонил онзи, които продавали стоки в Храма. Търговците подреждали маси и обменяли пари или продавали добитък на хората, които идвали в храма на Ерусалим, за да наблюдават Пасхата. Исус бил любезен; Той не спорил и не крещял, никой не чувал гласа Му по улиците. Въпреки това, виждайки тази сцена, отношението Му било много различно от обичайното.

Той направил камшик от една връв и прогонил овцете, кравите и другите пожертвувания. Преобърнал масите на обменниците на пари и продавачите на гълъби. Когато хората около него видяли този Исус, те сигурно си помислили, че

Той бил ядосан. Но в това време, Той не бил ядосан заради лоши чувства като омразата. Той просто бил основателно възмутен. Чрез Неговото основателно възмущение, Той ни позволил да разберем, че неправедността да осквернаваме Божия храм не може да бъде толерирана. Този вид основателно възмущение е резултатът от любовта на Бога, който усъвършенства любовта с Неговата справедливост.

Разлика между основателно възмущение и гняв

В Марко, глава 3, в свещения съботен ден, Исус излекувал един човек в синагогата, който имал изсъхнала ръка. Хората гледали Исус, за да видят дали щял да излекува човека и така да Го обвинят за нарушение на свещения съботен ден. По това време, Исус познавал сърцата на хората и попитал: *„Позволено ли е да се прави добро в съботен ден или да се прави зло? Да се спаси ли живот или да се погуби?"* (Марко 3:4).

Намерението им било разкрито и те нямало какво повече да кажат. Гневът на Исус бил насочен към закоравелите им сърца.

След като ги изгледал с яд, наскърбен поради закоравяването на сърцата им, Той казал на човек: *„Простри си ръката."* Той я прострял и ръката му оздравяла (Марко 3:5).

По това време, злите хора се опитали да осъдят и да убият Исус, който вършил само добри дела. Ето защо, понякога

Исус се обръщал към тях със силни изрази, за да се осъзнаят и да се откажат от пътя на унищожението. По подобен начин, основателното възмущение на Исус произлизало от Неговата любов. Възмущението понякога събуждало хората и ги повеждало към живот. По този начин раздразнението и основателното възмущение са напълно различни. Само когато човек стане осветен и изобщо няма грехове, упреците и неодобренията му дават живот на душите. Но човек не може да получи такъв плод, без осветяване на сърцето.

Има няколко причини за разгневяването на хората. На първо място, идеите на хората са различни от желанията им. Всеки има различна семейна среда и образование, затова хората имат различни сърца, мисли и критерии за оценка. Те се опитват да накарат другите да отговорят на идеите им и в този процес изпитват отрицателни чувства.

Представете си, че съпругът обича храната да е солена, а съпругата – не. Жената може да каже: „Прекалено много сол не е полезна за твоето здраве. Трябва да консумираш по-малко сол." Тя дава този съвет за здравето на съпруга й, но не трябва да настоява, ако той не го иска. Те трябва да намерят начин, за да направят взаимни отстъпки. Могат да създадат щастливо семейство, когато се опитват заедно.

На второ място, един човек може да се ядоса, когато другите не го слушат. Той иска другите да му се подчиняват, ако е по-възрастен или заема по-висока длъжност. Разбира се, правилно е да уважаваме по-възрастните и да се подчиняваме на онези, които заемат ръководни длъжности в йерархията, но не е правилно за тези хора да принуждават заемащите по-низша длъжност да им се подчинят.

В някои случаи заемащият по-висока длъжност не слуша изобщо своите подчинени и иска само да спазват думите му безусловно. В други случаи хората се ядосват, когато изпитат загуба или с тях се отнасят несправедливо. Освен това, човек може да се ядоса, когато хората го ненавиждат без причина или нещата не са направени, както той е изискал или наредил; когато хората го проклинат или обиждат.

Преди да се разгневят, хората вече изпитват отрицателни чувства в сърцето си, предизвикани от думите или делата на другите. Накрая силните им чувства се превръщат в яд. Обикновено, изпитването на такова отрицателно чувство е първата стъпка от ядосването. Не можем да живеем в любовта на Бога и нашето духовно развитие е нарушено сериозно, ако се ядосваме.

Няма да се променим с истината, докато изпитваме негативни чувства, трябва да се справим с раздразнението и да отхвърлим самия гняв. 1 Коринтяни 3:16 гласи: *„Не знаете ли, че сте храм на Бога, и че Божият Дух живее във вас?"*

Нека осъзнаем, че Светият дух взема едно сърце като храм и че Бог винаги ни наблюдава, за да не бъдем раздразнени, само защото някои неща не отговарят на идеите ни.

Гневът на хората не може да постигне праведността на Бога

Елисей получил двойна част от своя учител, духа на Илия и

изпълнил повече дела на Божията сила. Той дал на една бездетна жена благословията да зачене; съживил мъртъв човек, излекувал прокажените и победил вражеската армия. Превърнал в питейна негодната за пиене вода, като сложил сол в нея. Въпреки това, починал от болест, което било рядкост за голям пророк на Бога.

Каква би могла да е причината? Това станало докато отивал във Ветил. Група малки деца излезли от града и му се подиграли, защото бил плешив и нямал добър външен вид. *„Качи се, плешиве! качи се, плешиве!"* (2 Царе 2:23).

Не само едно или две, а много деца следвали и се присмивали на Илия, който се разстроил. Той ги смъмрил и ги предупредил, но те не го послушали. Продължавали да го тормозят и това било непоносимо за него.

Ветил бил като дом на идолопоклонството в Северен Израел след разделението на нацията. Децата в този район имали закоравели сърца поради разпространеното идолопоклонство. Те се изпречили на пътя му, плюли по него и дори го замерили с камъни. Илия накрая ги проклел. Две женски мечки излезли от гората и убили четиридесет и две от децата.

Разбира се, те сами го предизвикали като се подигравали на Божия човек извън всякакви граници, но това доказва, че Илия имал негативни чувства. Неслучайно починал от болест и очевидно не е правилно Божите деца да се раздразват. *„Защото човешкият гняв не върши Божията правда"* (Яков 1:20).

Да не бъдем раздразнени

Какво трябва да направим, за да не се ядосваме? Трябва ли да потискаме гнева чрез самоконтрол? Ако натиснем силно една пружина, тя добива голяма сила на рикоширане и отскача в момента, в който повдигнем ръката си от нея. Същото е и с ядосването. Ако просто го потискаме, възможно е да избегнем конфликта в момента, но рано или късно ще избухне. Следователно, за да не се раздразняваме, трябва да се освободим от самото чувство на гняв. Не трябва просто да го потискаме, а да го променим в добрина и любов, за да не се налага да потискаме нищо.

Разбира се, не можем да отстраним всички негативни чувства за един ден и да ги заменим с добрина и любов. Трябва постоянно да опитваме ден след ден. Отначало, в провокативна ситуация, трябва да оставим ситуацията на Бога и да бъдем търпеливи. Твърди се, че в изследването на Томас Джеферсън, третият президент на Съединените щати, било написано: „Когато сте ядосани, пребройте до десет преди да говорите; ако сте много ядосани, до сто." Една корейска приказка гласи: „Три пъти проявено търпение ще предотврати убийство."

Когато сме ядосани, трябва да се отдръпнем и да помислим каква полза бихме получили от гнева си. Не трябва да правим нищо, за което да съжаляваме или да се срамуваме. Скоро ще отхвърлим негативното чувство на гняв, ако се опитваме да бъдем търпеливи с молитви и с помощта на Светия дух. Ако преди това сме се ядосвали десет пъти, броят им ще се намали на девет, на осем и т.н. По-късно, ще останем спокойни дори в провокативна ситуация. Колко щастливи ще бъдем тогава! Притчи 12:16 гласи: *"Безумният показва явно отегчението си, а благоразумният скрива оскърблението"* и Притчи 19:11 гласи: *"Благоразумието на човека възпира гнева му, и слава е за него да се не взира в престъпление."*

Ядът е съвсем близо до предизвикването на опасна ситуация. Трябва да осъзнаем колко опасно е да се ядосваме. Крайната победа ще бъде за този, който издържи. Някои хора се контролират в църквата, дори и в ситуации, които ги ядосват, но лесно се разгневяват в дома, училището или на работното място. Бог не съществува само в църквата.

Той знае всичко, което правим, всяка дума, която произнасяме и всяка мисъл, която имаме. Той ни гледа навсякъде и Светият дух живее в сърцето ни. Следователно, трябва да живеем, сякаш стоим винаги пред Бога.

Една семейна двойка имала спор и ядосаният съпруг креснал на жена си да си затвори устата. Тя била толкова шокирана, че не проговорила отново до края на живота си. Съпругът, който изкарал гнева си, страдал много с нея. Раздразнението може да накара много хора да страдат и трябва да се стремим да се освободим от всякакви негативни чувства.

9. Любовта не държи сметка за зло

По време на моето духовенство се запознах с различни хора. Някои от тях изпитват емоциите на Божията любов само като си помислят за Него и започват да плачат, докато други изпитват затруднения в сърцата си, защото не чувстват дълбоко Божията любов, макар и да вярват в Него и да Го обичат.

Степента, в която изпитваме любов към Бога, зависи от степента, в която отхвърляме греховете и злото. Способни сме да почувстваме Божията любов дълбоко в сърцето си, без да има предел в израстването на вярата ни според степента, в която живеем според Божието слово и отхвърлим злото от сърцето си. Възможно е понякога да изпитваме затруднения в процеса на вярата, но в тези случаи трябва да си спомняме за любовта на Бога, който ни очаква през цялото време. Той няма да държи сметка за зло, ако винаги помним за любовта Му.

Държане на сметка за злото

В своята книга *Изцеление на скритите пристрастености в живота*, д-р Арчибалд Д. Харт, бивш декан в Университета за психология в Теологичната семинария Fuller, казва, че един от четирима младежи в Америка страда от сериозна депресия и че тази депресия, наркотици, секс, Интернет, консумация на алкохол и пушене покваряват живота на младите хора.

Пристрастените остават с малки, почти никакви умения за справяне, когато прекратят употребата на вещества, променящи тяхното мислене, чувства и поведение. Пристрастеният може да прибегне за спасение до други пристрастяващи поведения, които манипулират химията на мозъка. Тези пристрастяващи поведения може да включват секс, любов и връзки. Те не изпитват удовлетворение от нищо и не могат да почувстват щастието и радостта, които идват от отношението с Бога, затова са сериозно болни, според д-р Харт. Пристрастеността е опит за получаване на удовлетворение от други неща, различни от радостта и щастието, отдадени от Бога и тя е резултат от пренебрегването Му. Пристрастеният в действителност мисли за понесеното зло през цялото време.

Какво е понесеното зло? То се отнася за всички порочни неща, които не са в съответствие с Божията воля. Като цяло, има три вида мислене за злото.

Първото е Вашата мисъл, че искате да навредите на някого.

Например, да предположим, че се карате с някого. В този момент толкова много го мразите, че си казвате: „Бих искал да се препъне и да умре." Също така, нека да предположим, че нямате добри отношения с Вашия съсед и с него се случва нещо лошо. Тогава мислите: „Така му се пада!" или „Знаех си, че ще се случи!" Ако вземем за пример учениците, някой студент може да пожелае съученикът му да не се справи добре на един изпит.

Никога няма да мислите такива лоши неща, ако сте изпълнени с истинска любов. Бихте ли искали Вашите любими хора да се разболеят или да им се случи произшествие? Винаги бихте искали Вашата скъпа съпруга или съпругът Ви да няма болести и инциденти. Тъй като нямаме любов в сърцата си, ние искаме да се случи нещо лошо с другите и се радваме на нещастието им.

Също така, ние искаме да знаем прегрешенията или слабите места на други хора и да ги разпространяваме, сякаш нямаме любов. Представете си, че отивате на събрание и някой казва нещо лошо за друг човек. Трябва да проверите сърцето си, ако сте заинтересовани от този разговор. Бихте ли искали да продължите да слушате, ако някой клевети Вашите родители? Бихте им казали веднага да спрат.

Разбира се, има времена и случаи, когато трябва да познавате ситуациите на другите, защото искате да им помогнете. Но ако случаят не е такъв и все още проявявате интерес да слушате лоши неща за другите, това е, защото желаете да клеветите и да клюкарствате за тях. *„Който покрива престъпление търси любов, а който многодумствува за работата разделя най-близки приятели"* (Притчи 17:9).

Хората, които са добри и имат любов в сърцата си, ще се опитат да прикрият грешките на другите. Също така, ако имаме духовна любов, няма да ревнуваме или завиждаме, когато другите са добре. Ще искаме само да бъдат щастливи и обичани. Господ Исус ни казва да обичаме дори враговете си. Римляни 12:14 също казва: *„Благославяйте ония, които ви гонят, благославяйте, и не кълнете."*

Втората характеристика на порочната мисъл е да осъждаме и упрекваме другите.

Например, представете си, че сте видяли един вярващ да отива на забранено място. Какво бихте помислили? Вие може да имате негативно мнение за него според степента, в която сте порочни и да се запитате: „Как може да прави това?" Или, ако имате добрина, ще се зачудите: „Защо отива на това място?", но тогава променяте своя начин на мислене и смятате, че има причина, за да го направи.

На първо място, няма да имате никакви негативни мисли, ако сърцето Ви е изпълнено с духовна любов. Дори и да чуете нещо лошо, няма да упрекнете и няма да осъдите един човек, докато не проверите фактите. Как реагират родителите в повечето случаи, когато чуят лоши неща за децата си? Те не ги приемат лесно, а вместо това настояват, че децата им не биха направили такива неща. За тях е лош човекът, който говори така за тях. По същия начин, ако наистина обичате някого, ще се опитате да мислите за него по най-добрия възможен начин.

Въпреки това, в днешно време хората лесно мислят и казват лоши неща за другите. Това не се отнася само за близките отношения, но те критикуват също и заемащите обществени длъжности.

Дори не се опитват да видят цялата картина за случилото се, а разпространяват безпочвени слухове. Поради агресивните реакции в Интернет, някои хора дори се самоубиват. Просто осъждат и упрекват другите според своите критерии, а не според Божието слово. Каква е добрата воля на Бога?

Яков 4:12 ни предупреждава: *„Само Един е законодател и съдия, който може да спаси и да погуби; а ти кой си та съдиш ближния си?"*

Само Бог може наистина да съди. По-конкретно, Бог ни казва, че е порочно да съдим ближния си. Представете си, че някой определено е направил нещо нередно. В тази ситуация, за хората с духовна любов не е важно дали този човек е прав или не в това, което е извършил. Те ще мислят само за това, което е полезно за този човек. Те искат само душата му да просперира и да бъде обичан от Бога.

Освен това, съвършената любов не само покрива прегрешението, но също помага на другия човек да бъде способен да се покае. Трябва да можем също да проповядваме истината и да докоснем сърцето му, за да тръгне по правия път и да се промени. Ако имаме съвършена духовна любов, не е нужно да се опитваме да гледаме на този човек с добрина. Ние естествено обичаме дори човека с много грехове. Ще искаме само да му вярваме и да му помогнем. Ще бъдем щастливи с всички, които срещаме, ако нямаме никаква мисъл на упрек или да осъждаме другите.

Третата характеристика са всички мисли, които не съответстват на Божията воля.

Зли мисли са не само порочните мисли за другите, но и наличието на мисли, които не съответстват на Божията воля. На този свят се счита, че живеят в добрина хората, които живеят според моралните стандарти и съвестта.

Но нито моралността, нито съвестта, могат да бъдат абсолютен стандарт за добрина. И двете понятия имат много черти, които противоречат или са напълно противоположни на Божието слово. Само Божието слово може да бъде абсолютен стандарт за добрина.

Хората, които приемат Господ, признават, че са грешници. Хората могат да се гордеят с факта, че водят добър и морален живот, но все още са порочни и продължават да са грешници според Божието слово. Така е, защото всичко, което не съответства на Божието слово, е грях и беззаконие и Божието слово е единственият абсолютен стандарт за добрина (1 Йоаново 3:4).

Каква е разликата между грехът и беззаконието? В широк смисъл, грехът и беззаконието са неистини, които противоречат на истината, която е Божието слово. Те са тъмнина, която е противоположност на Бога, който е светлина.

В по-тесен смисъл те са много различни едно от друго. Ако ги сравним с едно дърво, „беззаконието" е като корена, който е в земята и не е видим, докато „грехът" е като клоните, листата и плодовете.

Без корен, дървото не може да има клони, листа или плодове. По подобен начин, грехът е извършен заради беззаконието. Беззаконието е природа, която е в човешкото сърце. Това е природата против добрината, любовта и истината на Бога. Грях се нарича беззаконието, представено в конкретна форма.

Исус казва: *„Добрият човек от доброто съкровище на сърцето си изнася доброто; а злият човек от злото си съкровище изнася злото; защото от онова, което препълва сърцето му, говорят неговите уста"* (Лука 6:45).

Представете си, че един човек казва нещо, което наранява някого, когото мрази. Това е, когато беззаконието в сърцето му е представено като „омраза" и „порочни думи", които са конкретни грехове. Грехът се извършва и посочва според стандарта, наречен Божие слово, който е заповедта.

Никой не може да накаже никого без закон, защото няма стандарт за отличаване и осъждане. По подобен начин, грехът е разкрит, защото противоречи на стандарта на Божието слово. Греховете може да се категоризират като неща на плътта и дела на плътта. Нещата на плътта са грехове, извършени в сърцето и мислите, като омраза, завист, ревност, прелюбодейство, докато делата на плътта са грехове, извършени на дело, като кавгата, проявата на гняв или убийство.

В известна степен, така е и с греховете или престъпленията на този свят, които също са категоризирани в различни прегрешения. Например, в зависимост от това срещу кого е извършено престъплението, то може да бъде срещу държавата, срещу хората или срещу един човек.

Дори и човек да има беззаконие в сърцето си, не е сигурно, че ще извърши грехове. Той може да избегне извършването на грехове, дори и да има известно беззаконие в сърцето си, ако слуша Божието слово и се контролира. На този етап, той може да е удовлетворен, мислейки, че вече е постигнал святост, защото не е извършил очевидни грехове.

Въпреки това, за да станем напълно святи, трябва да се освободим от злото в природата ни, което е дълбоко в сърцето ни. Природата на един човек съдържа беззаконие, наследено от неговите родители. Обикновено не се разкрива в обичайни ситуации, но се проявява в извънредни случаи.

Една корейска приказка гласи: „Всеки ще прескочи

оградата на съседа си, ако гладува в продължение на три дни." Това е същото като: „Нуждата не признава закона." Докато не бъдем напълно святи, скритото беззаконие може да се разкрие в екстремна ситуация.

Макар и изключително малки, изпражненията на мухите си остават изпражнения. По същия начин, макар и да не са грехове, всички неща, които не са съвършени в очите на съвършения Бог, също са форми на беззаконие. Ето защо 1 Солунци 5:22 гласи: „*Въздържайте се от всякакво зло.*"

Бог е любов. Като цяло, Божите заповеди могат да се резюмират в „любов". По-конкретно, грях и беззаконие е да не обичаме. Следователно, за да проверим дали държим сметка за злото, трябва да се замислим колко любов има в нас. Няма да държим сметка за злото според степента, в която обичаме Бога и други души.

> *Това е Неговата заповед, да вярваме в името на Неговия Син Исус Христос и да се обичаме взаимно, както Той ни е заповядал* (1 Йоаново 3:23).

> *Любовта не върши зло на ближния; следователно, любовта изпълнява закона* (Римляни 13:10).

Да не държим сметка за зло

За да не държим сметка са зло, преди всичко, не трябва дори да виждаме или да чуваме зли неща. Дори и да се случи да ги видим или чуем, не трябва да се опитваме да си спомним или да мислим за тях отново. Не трябва да се опитваме да ги помним. Разбира се, понякога не сме способни да контролираме собствените ни мисли. Определена мисъл може да бъде по-натрапчива, когато се опитваме да я прогоним. Светият дух ще ни помогне, ако се опитваме да нямаме зли мисли с помощта на молитви. Никога не трябва съзнателно да виждаме, чуваме или мислим зли неща и освен това, трябва да отхвърлим дори мислите, които минават мигновено в съзнанието ни.

Не трябва също и да участваме в никаква зла дейност. 2 Йоаново 1:10-11 гласи: *„Ако някой дойде при вас, и не носи това учение, недейте го приема в къщи, и не го поздравявайте, защото който го поздравява, става участник в неговите зли дела."* Бог ни съветва да избягваме злото и да не го приемаме.

Хората наследяват греховните природи от своите родители. Докато живеят на тази земя, хората влизат в контакт с много неистини. Въз основа на тези греховни природи и неистини, човек развива своя личен характер или „его". Християнският живот означава да отхвърлим тези греховни природи и неистини от момента, в който приемем Господ. За да отхвърлим тези греховни природи и неистини, ние се нуждаем от значително търпение и усилие. Тъй като живеем в този свят, ние сме по-запознати с неистината, отколкото с истината. Сравнително по-лесно е да приемем неистината и да я вложим в нас, отколкото да я отхвърлим. Например, лесно е да нацапаме една бяла рокля с черно мастило, но е много трудно да отстраним петното и да я направим отново бяла.

Също така, макар и да изглежда много малко зло, то може да стане много голямо за един миг. Както пише в Галатяни 5:9: „Малко квас заквасва цялото тесто," малкото зло може бързо да се разпространи към много хора. Следователно, трябва да внимаваме дори за малкото зло. За да бъдем способни да не мислим за злото, трябва да го мразим, без да се разколебаваме. Бог ни заповядва: *„Вие, които любите Господа, мразете злото"* (Псалми 97:10) и ни учи: *„Страх от Господа е да се мрази злото"* (Притчи 8:13).

Ако страстно обичате някого, ще харесвате това, което той/тя харесва и няма да харесвате това, което той/тя не харесва. Не е необходимо да имате основание за това. Когато Божите деца, които са получили Светия дух, извършват грехове, Светият дух стене в тях. Ето защо, в сърцата си имат усещане за нещастие. Тогава осъзнават, че Бог мрази нещата, които са направили и се опитват да не съгрешават отново. Важно е да се опитваме да отхвърлим дори малките форми на злото и да не приемаме повече зло.

Осигурете Божието слово и Молитва

Злото е напълно безполезно. Притчи 22:8 гласи: *„Който сее беззаконие ще пожъне бедствие."* Болести или инциденти ще сполетят нас или децата ни, ще живеем в скръб, заради бедност и семейни проблеми. Всички тези нещастия, в крайна сметка, идват от злото.

Недейте се лъга; Бог не е за подиграване:

понеже каквото посее човек, това ще и да пожъне (Галатяни 6:7).

Разбира се, възможно е да не забележим веднага бедите. Натрупаното зло ще ни причини нещастия, които по-късно засягат децата ни. Светските хора не разбират това правило и извършват множество злини по различни начини.

Например, за тях е нормално да отмъщават на онези, които са им навредили, но Притчи 20:22 гласи: *„Да не речеш: Ще въздам на злото; Почакай Господа и Той ще те избави."*

Бог контролира живота, смъртта, съдбата и нещастието на хората според неговото правосъдие. Следователно, ако правим добро според Божието слово, определено ще пожънем плодове на добрината. Както е обещано в Изход 20:6: *„...а показвам милости към хиляда поколения на ония, които Ме любят и пазят Моите заповеди."*

За да се пазим от зло, трябва да мразим злото и винаги да осигуряваме две неща: Божието слово и молитвата. Ще прогоним злите мисли и ще имаме духовни и добри мисли, когато медитираме върху Божието слово ден и нощ. Ще разберем какво е действието на истинска любов.

Също така, докато се молим, ние медитираме върху Словото още по-дълбоко, за да осъзнаем злото в нашите думи и дела. Ще управляваме и ще отхвърлим злото от сърцата ни, когато се молим страстно с помощта на Светия дух. Нека бързо да отхвърлим злото с Божието слово и молитва, за да водим живот, изпълнен с щастие.

10. Любовта не се радва на неправдата

Колкото по-развито е обществото, толкова по-голяма възможност има честният човек да успее. От друга страна, по-малко развитите държави имат по-голяма корупция и почти всичко може да се притежава или направи с пари. Корупцията е наречена болест на нациите, защото е свързана с преуспяването на една държава. Корупцията и несправедливостта засягат също в голяма степен индивидуалния живот. Егоистичните хора не получават истинско удовлетворение, защото мислят само за себе си и не обичат другите.

Да не се радваме на несправедливостта и да не държим сметка за злото са доста сходни неща. „Да не държим сметка за злото" означава да нямаме никаква форма на зло в сърцето. „Да не се радваме на несправедливостта" означава да не се радваме на безсрамно или позорно поведение, действия или прояви, както и да не участваме в тях.

Представете си, че завиждате на един заможен приятел. Не го харесвате, защото считате, че се хвали с богатството си и мислите: „Той е богат, ами аз? Надявам се да фалира." Това означава да мислим за зли неща. Един ден, някой го измамил и фирмата му фалирала бързо. Да се радвате или да се наслаждавате на несправедливостта в този случай означава да изпитвате удоволствие с мисълта: „Той се хвалеше с богатството си, така му се пада!" Освен това, участието в този вид дейност означава активно да се радвате на нещастието.

Има обща несправедливост за всички, включително за невярващите. Например, някои хора натрупват богатството си по нечестен начин, с измама или заплаха на другите чрез сила. Някой може да наруши правилата или законите на една държава и да приеме нещо в замяна за собствена облага. Несправедливо за всички е един съдия да издаде неправилна присъда след като е получил подкупи и е наказан невинен човек. Това означава да злоупотреби с властта си като съдия.

Продавачът може да излъже в обема или качеството, да използва евтини и ниско-качествени материали, за да получи неправомерна печалба. Той не мисли за другите, а само за собствената си краткосрочна печалба; знае какво е правилно, но не се колебае да измами другите, защото се радва на несправедливо спечелените пари. В действителност има много хора, които мамят другите за неправомерна печалба. Ами ние? Можем ли да кажем, че сме чисти?

Представете си, че се е случило нещо подобно. Вие сте държавен служител и научавате, че един от Вашите близки приятели печели незаконно огромна сума пари в определен бизнес. Ако го хванат, ще бъде наказан строго и този приятел Ви дава голяма сума пари, за да мълчите и да си затворите очите. Той Ви казва, че по-късно ще Ви даде още повече пари. Точно по това време, семейството Ви има спешен случай и Вие се нуждаете от голяма сума пари. Какво ще направите?

Нека да си представим друга ситуация. Един ден, проверявате банковата си сметка и се оказва, че имате повече пари, отколкото очаквате да намерите. Научавате, че сумата, която е трябвало да бъде преведена като данък, не е изтеглена. Как ще реагирате в този случай? Ще се радвате ли, мислейки, че това е чужда грешка, а не Ваша отговорност?

2 Летописи 19:7 гласи: *"Затова нека бъде върху вас страх от Господа; внимавайте в делата си; защото у Господа нашия Бог няма неправда, нито лицеприятие, нито дароприятие."* Бог е праведен; В Него изобщо няма неправедност. Можем да се скрием от очите на хората, но не можем да измамим Бога. Следователно, дори и само заради страх от Бога, трябва да вървим в правия път с честност.

Замислете се за случая с Авраам. Когато племенникът му в Содом бил заловен във война, Авраам освободил не само своя племенник, но и хората, които били заловени, както и притежанията им. Царят на Содом искал да покаже своята благодарност на Авраам, предлагайки му някои от нещата, които му занесъл, но Авраам не пожелал да ги приеме.

Авраам казал на царя на Содом: "Но Аврам каза на Содомския цар: Аз дигнах ръката си пред Господа, Всевишния Бог, Създател на небето и на земята, и се заклех, че няма да взема нищо от твоето, ни конец ни ремик за обуща, да не би да речеш: Аз обогатих Аврама" (Битие 14:22-23).

Когато починала съпругата му Сара, собственикът на земята му предложил погребално място, но той не го приел, а само платил справедливата цена. Направил така, за да няма повече спорове за земята. Постъпил по този начин, защото бил честен човек; не искал да получи незаслужена полза или неправомерна печалба. Ако търсеше парите, щеше да следва само това, което му е изгодно.

Хората, които обичат Бога и са обичани от Него, никога няма да навредят на някого или да търсят собствената си полза, нарушавайки закона на страната. Те не очакват нищо повече от това, което заслужават за своята честна работа. Хората, които се радват на несправедливостта, не изпитват любов към Бога или към ближните си.

Несправедливост в очите на Бога

Несправедливостта в Господ малко се различава от несправедливостта в общ контекст. Тя не се отнася само за нарушението на закона и причиняването на вреда на другите, но за всеки грях, който противоречи на Божието слово. Греховно и несправедливо е когато беззаконието в сърцето се прояви в конкретна форма. Сред многото грехове, несправедливостта се отнася специално за делата на плътта.

По-конкретно, омраза, завист, ревност и други злини в сърцето, се проявяват на практика като кавга, конфликт, насилие, измама или убийство. Библията казва, че е трудно да се спасим, ако извършим нещо неправедно.

1 Коринтяни 6:9-10 гласи: *„Или не знаете, че неправедните няма да наследят Божието царство? Недейте се лъга. Нито блудниците, нито идолопоклонниците, нито прелюбодейците, нито малакийците, нито мъжеложниците, нито крадците, нито сребролюбците, нито пияниците, нито хулителите,*

нито грабителите няма да наследят Божието царство."

Ахан е един от хората, които обичали неправедността, която довела до унищожението му. Той бил от второто поколение на Изход и още от детството си видял и чул за нещата, които Бог направил за народа му. Той видял облачния стълб през деня и огнения стълб през нощта, който ги ръководил. Видял течащата река Йордан да спира да тече и непревземаемият град Йерихон да пада за един момент. Знаел също много добре за заповедта на водача Исус Навиев, че никой не трябвало да взима нищо от град Йерихон, защото всичко щяло да бъде принесено на Бога.

Въпреки това, в момента, в който видял нещата, които се намирали в град Йерихон, той загубил разума си от алчност. След дългия живот в пустинята, всичко в града му се сторило много красиво. В момента, в който видял красивото палто и златните и сребърни изделия, той забравил Божието слово и заповедта на Исус Навиев и ги скрил за себе си.

Поради този грях на Ахан, нарушавайки заповедта на Бога, Израилтяните понесли много жертви в следващата битка. Неправедността на Ахан била разкрита чрез загубите. Той и семейството му били убити с камъни, които образували купчина и това място се нарича Долината Ахор.

Също така, вижте Числа глави 22-24. Валаам бил човек, който общувал с Бога. Един ден, Валак, царят на моавците, го помолил да прокълне израилтяните. И така, Бог казал на Валаам: *„Да не отидеш с тях, нито да прокълнеш людете, защото са благословени"* (Числа 22:12).

След като чул Божието слово, Валаам отказал да отговори

на искането на моавския цар, но царят му изпратил злато, сребро и много съкровища и променил решението си. Накрая, очите му били заслепени от съкровището и той казал на царя да постави капан за израилтяните. Какъв бил резултатът? Израилтяните яли от храната, принесена в жертва на идолите и извършили прелюбодейство, с което си причинили голямо нещастие, а Валаам накрая бил убит с меч. Това бил резултатът от желанието за неправомерна печалба.

Несправедливостта е пряко свързана със спасението в очите на Бога. Какво трябва да направим, ако видим братя и сестри във вярата да действат неправомерно, като невярващите на света? Разбира се, трябва да тъгуваме за тях, да се молим за тях и да им помагаме, за да живеят според Словото. Въпреки това, някои вярващи завиждат на тези хора с мисълта: „Аз също искам да водя по-лесен и по-удобен християнски живот като тях." Освен това, не може да се каже, че обичате Бога, ако участвате с тях.

Защото и Христос един път пострада за греховете, праведният за неправедните, за да ни приведе при Бога, бидейки умъртвен по плът, а оживотворен по дух; (1 Петрово 3:18). След като осъзнаем тази голяма любов на Господ, никога не трябва да се радваме на несправедливостта. Хората, които не се радват на неправедността, не само избягват нейното извършване, но активно живеят според Божието слово. Тогава могат да станат приятели на Господ и да водят успешен живот (Йоан 15:14).

11. Любовта се радва заедно с истината

Йоан, един от дванадесетте ученици на Исус, бил спасен от мъченичество и живял до дълбока старост, разпространявайки на много хора евангелието на Исус Христос и Божията воля. Едно от нещата, които го радвали през последните му години, било да чуе, че вярващите се опитвали да живеят според Божието слово, истината.

Той казал: *„Защото много се зарадвах, когато дойдоха някои братя и засвидетелствуваха за твоята вярност, според както ти ходиш в истината. По-голяма радост няма за мене от това, да слушам, че моите чада ходят в истината"* (3 Йоаново 1:3-4).

Виждаме колко голяма е радостта му от израза: „По-голяма радост няма за мене." Той имал буен нрав и в младостта му дори го наричали Син на светкавицата. След като се променил го нарекли Апостол на любовта.

Ако обичаме Бога, няма да извършваме несправедливост и ще прилагаме на дело истината. Също така ще се радваме с истината. Истината се отнася за Исус Христос, за евангелието и за всички 66 книги от Библията. Хората, които обичат Бога и са обичани от Него, определено ще се радват на Исус Христос и на евангелието. Те се радват, когато се увеличава Божието царство. Какво означава да се радваме с истината?

Първо, това означава да се радваме с „евангелието".

„Евангелие" е добрата новина, че сме спасени чрез Исус Христос и отиваме на Небесното царство. Много хора търсят истината, задавайки въпроса: Какъв е смисълът на живота? Какво означава ценен живот? За да получат отговори на тези въпроси, те изучават идеологии и философия, или се опитват да получат отговори чрез различни религии. Истината е Исус Христос и никой не може да отиде на Небето без Него. Ето защо, Исус казал: *„Исус му казва: Аз съм пътят, и истината, и животът; никой не дохожда при Отца, освен чрез Мене"* (Йоан 14:6).

Ние получаваме спасение и печелим вечен живот като приемем Исус Христос. Греховете ни са простени чрез кръвта на Господ и преминаваме от Ада на Небето. Сега разбираме значението на живота и водим ценен живот. Следователно, това е толкова естествено, че се радваме с евангелието. Хората, които се радват с евангелието, старателно ще го предадат и на другите. Те ще изпълнят отдадените им от Бога задължения и ще работят предано за разпространение на евангелието. Също така, те се радват, когато душите чуват евангелието и получават спасение като приемат Господ. Щастливи са, когато се увеличава Божието царство. *„Бог иска да се спасят всичките човеци и да достигнат до познание на истината"* (1 Тимотей 2:4).

Някои вярващи завиждат на другите, когато покръстват много хора и получават обилни плодове. Някои църкви завиждат на други църкви, когато се разрастват и възхваляват Бога. Това не означава да се радваме с истината. Ако имаме духовна любов в сърцето си, ние ще се радваме, когато виждаме, че се постига Божието царство. Ще се радваме заедно, когато виждаме църква, която се разраства и е обичана от Бога. Това означава да се радваме с истината и с евангелието.

На второ място, да се радваме с истината означава да се радваме с всичко, което принадлежи на истината.

Това означава да се радваме като виждаме, чуваме и правим нещата, които принадлежат на истината, като добрина, любов и справедливост. Хората, които се радват с истината, са трогнати и проливат сълзи, чувайки дори за малките добри дела. Те признават, че Божието слово е истината и то е по-сладко от меда или от восъчната пита. Ето защо се радват, когато слушат проповедите, четат Библията или практикуват Божието слово. Радостно се подчиняват на Божието слово, което им казва да „служат, разбират и прощават" дори на онези, които им причиняват трудности.

Давид обичал Бога и искал да построи Божия храм, но Бог не му позволил. Причината е записана в 1 Летописи 28:3. „*Ти няма да построиш дом на името Ми, защото си войнствен мъж и си пролял много кръв.*" Неизбежно било за Давид да пролее кръв, защото участвал в много войни, но Бог не го считал за подходящ за тази задача.

Давид не бил способен да построи Храма сам, но подготвил всички строителни материали, за да го построи синът му Соломон. Давид подготвил материалите с цялата си сила и това го накарало да се почувства щастлив. „*Тогава* людете се зарадваха, защото жертвуваха усърдно, понеже с цяло сърце принасяха доброволно Господу; също и цар Давид се зарадва твърде много" (1 Летописи 29:9).

По подобен начин, хората, които се радват с истината, ще бъдат щастливи, когато другите са добре. Те не завиждат. За тях е невъобразимо да мислят лоши неща, като „трябва да се случи нещо лошо с този човек" или да се радват на нещастието на други хора. Те скърбят, когато видят да се случва нещо неправедно. Също така, хората, които се радват с истината, са способни да обичат с добрина, с неизменно сърце и с честност и етика. Те се радват с добри думи и добри дела. Бог също се радва с тях с викове на радост, както е посочено в Софоний 3:17: „Господ твой Бог е всред тебе, Силният, който ще те спаси. Ще се развесели за тебе с радост, ще се успокои в любовта Си, ще се весели за тебе с песни."

Дори да не се радвате с истината през цялото време, не трябва да се отчайвате или разочаровате. Ако се стараете с всички сили, Богът на любовта счита дори това усилие за „радост с истината".

На трето място, радостта с истината означава да вярваме в Божието слово и да се опитваме да го прилагаме.

Рядкост е да намерим човек, който да се радва само с истината от началото. Възможно е да мислим зли неща или да се радваме с неправедността, докато в нас има тъмнина и неистина. Ще се радваме изцяло с истината, когато се променим малко по малко и отхвърлим цялото неправедното сърце. До тогава, трябва да се стараем много.

Например, не всеки се чувства добре, посещавайки религиозни служби. Начинаещите по вяра или хора със слаба вяра могат да се чувстват уморени или сърцето им да е другаде. Те ще мислят за резултатите от бейзболни игри или ще се притесняват за бизнес срещата, която имат на следващия ден.

Посещението на църквата и присъствието на религиозна служба е усилието да се опитват да спазват Божието слово. Това е да се радват с истината. Защо се опитваме по този начин? За да получим спасение и да отидем на Небето. Тъй като сме чули Словото на истината и вярваме в Бога, ние вярваме също, че има съд, че има Небе и Ад. Ние знаем, че има различни награди на Небето и се стараем повече да станем святи и да работим предано в целия дом на Бога. Макар и да не се радваме с истината 100%, ако положим всички усилия в нашата мярка на вярата, това е също сякаш се радваме с истината.

Глад и жажда за истината

За нас е много естествено да се радваме с истината. Само тя ни дава вечен живот и може да ни промени изцяло. Ще спечелим вечен живот и ще станем истински Божи деца, ако чуем истината, по-конкретно евангелието и го прилагаме на практика. Лицата ни ще светят от радост, защото сме изпълнени с надежда за небесното царство и духовна любов. Също така, според степента, в която сме променени в истината, ще бъдем щастливи, защото сме обичани и благословени от Бога и обичани от много хора.

Трябва винаги да се радваме с истината, както и да изпитваме глад и жажда за нея. Ако сте гладни и жадни, ще търсите ревностно храна и вода. Когато копнеем за истината, трябва да я желаем ревностно, за да се превърнем бързо в хора на истината. Трябва да живеем така, че винаги да се храним и да пием от истината. Какво означава да се храним и да пием от истината? Това означава да пазим в нашето сърце Божието слово, което е истината, и да го практикуваме.

Трудно е да скрием щастието от лицето ни, ако застанем пред някого, когото обичаме много. Същото е, когато обичаме Бога. В този момент, не сме способни да се изправим пред Бога лице в лице, но ако истински Го обичаме, ще се прояви външно. Това означава да сме доволни и щастливи, ако видим или чуем нещо за истината. Щастливите ни лица няма да останат незабелязани за хората около нас. Ще проливаме сълзи от благодарност, само при мисълта за Бог и Господ и сърцата ни ще се вълнуват от дребни прояви на добрина.

Сълзите, принадлежащи на добрината, като сълзите от благодарност и сълзите от жалеене за други души, по-късно ще станат красиви скъпоценни камъни, за да украсят къщите на Небето. Нека се радваме с истината, за да изпълним живота си с доказателства, че сме обичани от Бога.

Характеристики на духовната любов II

6. Любовта не безобразничи

7. Любовта не търси своето

8. Любовта не се раздразнява

9. Любовта не държи сметка за зло

10. Любовта не се радва на неправдата

11. Любовта се радва заедно с истината

12. Любовта всичко премълчава

Има много неща, които трябва да понесем, когато приемем Исус Христос и се опитваме да живеем според Божието слово. Трябва да понесем провокативни ситуации. Трябва да упражним също самоконтрол върху нашата тенденция да следваме собствените си желания. Ето защо, първата характеристика в описанието на любовта е, че любовта е търпелива.

Да бъдем търпеливи означава вътрешната борба на човека, която изпитва, докато се опитва да отхвърли неистините от сърцето. „Всичко премълчава" има по-широк смисъл. След като култивираме истината в сърцето си чрез търпение, ние трябва да премълчим всички проблеми, които срещаме по пътя си, заради други хора. По-конкретно, това означава да премълчим всички неща, които не съответстват на духовната любов.

Исус дошъл на тази земя, за да спаси грешниците, а как се отнесли с него хората? Той вършил само добри неща и въпреки това, хората го подигравали, пренебрегнали и игнорирали. Накрая Го разпънали на кръст. Исус, въпреки всичко, понесъл тези неща от хората и непрекъснато отправял молитви, застъпвайки се за тях. Той се молил за тях с думите: *„А Исус каза: Отче, прости им, защото не знаят какво правят"* (Лука 23:34).

Какъв бил резултатът от понасянето на Исус на всички неща и любовта Му към хората? Всеки, който приеме Исус за свой личен Спасител, сега може да получи спасение и да стане Божие дете. Ние сме освободени от смъртта и сме преминали към вечен живот.

Една корейска приказка гласи: „Наточете брадва, за да направите игла." Това означава, че с търпение и издръжливост можем да изпълним всякаква работа. Колко време и усилия са необходими, за наточването на една стоманена брадва, за да направим остра игла? Това определено изглежда толкова невъзможна задача, че човек ще се зачуди: „Защо просто не продадете брадвата, за да купите игли?"

Бог съзнателно предприел такава работа, защото е господарят на духа ни. Бог трудно се разгневява и винаги е търпелив с нас, показвайки милосърдие и любов, просто защото ни обича. Той почиства и излъсква хората, въпреки че сърцата им са закоравели като стомана. Той очаква от всеки да стане Негово истинско дете, макар и това да не изглежда вероятно.

Смазана тръстика няма да пречупи и замъждял фитил няма да угаси, докато изведе правосъдието към победа (Матей 12:20).

Дори и днес, Бог понася всички болки, които изпитва, виждайки действията на хората и ни очаква с радост. Той е търпелив с хората, очаква от тях да се променят чрез добрина, макар и да се държат порочно от хиляди години. Въпреки че обърнали гръб на Бога и служили на идоли, Бог им показал, че Той е истински Бог и проявил търпение към тях с вяра. Колко хора ще бъдат спасени, ако Бог каже: „Вие сте изпълнени с неправедност и безпомощни. Не мога повече да ви търпя."

Както е посочено в Еремия 31:3: *„Наистина те възлюбих с вечна любов; Затова продължих да ти показвам милост,"* Бог ни ръководи с тази вечна, безкрайна любов.

Провеждайки моето духовенство като пастор на голяма църква, бях в състояние да разбера това търпение на Бога в известна степен. Някои хора имат много прегрешения или недостатъци, но чувствайки сърцето на Бога, аз винаги гледам на тях с очите на вярата, че някой ден ще се променят и ще възхваляват Бога. Тъй като проявих търпение и вярвах в тях, много църковни членове израснаха като добри лидери.

Всеки път забравях какво е трябвало да премълча за тях и не обръщах внимание. В 2 Петрово 3:8 е записано: *„Още и това нещо да не забравяте, възлюбени, че за Господа един ден е като хиляда години, и хиляда години като един ден"* и аз разбирах значението на този стих. Бог понася всички неща в продължение на дълго време и гледа на него сякаш е изминал един миг. Нека осъзнаем тази любов на Бога и нека да обичаме с нея всички около себе си.

13. Любовта на всичко хваща вяра

Ако наистина обичате някого, ще повярвате на всичко за този човек. Дори и да има недостатъци, Вие пак ще опитате да му повярвате. Съпругата и съпругът са обвързани заедно чрез любов. Ако една семейна двойка няма любов, това означава, че не си вярват взаимно, затова спорят на всички теми и подлагат на съмнение всичко, свързано с другия. В тежки случаи, те си изневеряват, причинявайки си голяма физическа и морална болка. Ако си вярват напълно, ако се обичат истински, ще вярват, че половинката им е добър човек и в крайна сметка ще им върви добре. Тогава, както са очаквали, те успяват в своята специалност или работа.

Доверието и вярата могат да бъдат стандарт за измерване на силата на любовта. Следователно, да вярваме изцяло на Бога означава да Го обичаме изцяло. Авраам, бащата на вярата, е наречен приятел на Бога. Без никакво колебание, Авраам се подчинил на заповедта на Бога, който му казал да принесе в жертва своя единствен син Исаак. Той бил способен да направи това, защото вярвал напълно в Бога. Бог видял тази вяра на Авраам и потвърдил неговата любов.

Любовта е вяра. Хората, които обичат изцяло Бога, също така ще Му вярват изцяло. Те вярват на всичко, казано от него, 100%. И тъй като вярват на всичко, понасят всички неща. За да понесем всички неща, които противоречат на любовта, трябва да вярваме. По-конкретно, само, когато вярваме на всичко, казано от Бога, можем да се надяваме на всички неща и да пречистим сърцето си, за да отхвърлим всичко, което противоречи на любовта.

Разбира се, в тесен смисъл, ние не сме повярвали на Бога, защото сме Го обичали в самото начало. Бог ни обичал първи и вярвайки в този факт, ние сме обикнали Бога. Как ни обичал Бог? Той щедро отдал Своя роден Син за нас, грешниците, за да открие пътя за нашето спасение.

Отначало, ние обикваме Бога, вярвайки в този факт, но ако култивираме изцяло духовна любов, ще постигнем равнище, на което вярваме изцяло, защото обичаме. Да култивираме изцяло духовна любов означава, че вече сме отхвърлили всички неистини от сърцето. Ако нямаме неистини в сърцето, ще получим духовна вяра от горе, с която да вярваме от все сърце. Тогава никога няма да се съмняваме в Божието слово и нашата вяра в Бога ще остане непоклатима. Също така, ще вярваме на всеки, ако култивираме изцяло духовна любов. Това не е, защото хората са надеждни, но дори и когато са изпълнени с грехове и имат много недостатъци, ние гледаме на тях с очите на вярата.

Трябва да имаме желание да вярваме на всички хора. Трябва да вярваме и на себе си. Макар и да имаме много недостатъци, трябва да вярваме в Бога, който ще ни промени и да гледаме на себе си с очите на вярата, че скоро ще се променим. Светият дух винаги казва в сърцата ни: „Можеш да го направиш. Ще ти помогна." Ако вярвате в тази любов и признаете: „Мога да се справя, мога да се променя", тогава Бог ще го изпълни според Вашата изповед и вяра. Колко красиво е да вярваме!

Бог също вярва в нас. Той вярва, че всеки от нас ще научи

за любовта Му и ще тръгне по пътя на спасението. Тъй като ни гледал с очите на вярата, Той щедро пожертвал на кръста Своя роден Син, Исус. Бог вярва, че дори онези, които не познават и не вярват в Господ, ще бъдат спасени и ще останат на страната на Бога. Той вярва, че онези, които вече са приели Господ, ще бъдат променени в такива деца на Бога, които много Му приличат. Нека вярваме на всички хора с тази любов на Бога.

14. Любовта на всичко се надява

Следните думи са записани на един от надгробните камъни в Уестминстърското абатство в Обединеното кралство: „По време на младостта си, исках да променя света, но не можех. На средна възраст исках да променя семейството си, но не можех. Едва с наближаване на смъртта ми, аз осъзнах, че можех да променя всичко това, само ако променя себе си."

Обикновено, хората се опитват да променят другия човек, ако не харесват нещо в него, но е почти невъзможно да променим другите. Някои семейни двойки спорят за такива банални въпроси като това накъде да изстискват тубичката с четка за зъби – нагоре или надолу. Първо трябва да променим себе си, преди да се опитваме да променим другите. След това с любов към тях, можем да чакаме да се променят другите, надявайки се искрено да го направят.

Да се надяваме за всички неща означава да желаем и да чакаме да стане истина всичко, в което вярваме. По-конкретно, ако обичаме Бога, ще вярваме на всяка Негова дума и ще се надяваме всичко да бъде направено според словото Му. Вие се надявате за дните, когато ще споделяте любов с Бащата Бог завинаги на красивото небесно царство. Ето защо понасяте всички неща с вярата. Ами ако няма надежда?

Хората, които не вярват в Бога, не могат да се надяват за небесното царство. Ето защо, те просто живеят според желанията си, защото нямат надежда за бъдещето. Те се опитват да постигнат повече неща и се борят, за да задоволят алчността си. Въпреки това, независимо с какво разполагат и на какво се радват, те не могат да получат истинско удовлетворение. Те живеят живота си със страх от бъдещето. От друга страна, хората, които вярват в Бога, се надяват на всички неща, затова тръгват по тесния път. Защо казваме, че е тесен път? Това означава, че е тесен в очите на невярващите в Бога. След като приемем Исус Христос и станем Божи деца, ние оставаме в църквата през целия ден в Неделя, присъствайки на религиозните служби, без да се отдаваме на никакви мирянски удоволствия. Ние работим за Божието царство с доброволни действия и се молим, за да живеем според Божието слово. Трудно е да се направят тези неща без вяра и затова казваме, че е тесен път.

В 1 Коринтяни 15:19 апостол Павел казва: *„Ако само в тоя живот се надяваме на Христа, то от всичките човеци ние сме най-много за съжаление."* Само от физическа гледна точка, животът, изпълнен с понасянс и тежка работа, изглежда тежък. Но ако се надяваме на всички неща, този живот е по-щастлив от всеки друг. Ще бъдем щастливи дори в разнебитена къща, ако сме заедно с хората, които много обичаме. Колко щастливи ще бъдем, мислейки за факта, че ще живеем със скъпия Господ завинаги на небето! Ние сме развълнувани и радостни само от мисълта за това. По този начин, с истинска любов, ние неизменно чакаме и се надяваме докато стане истина всичко, в което вярваме.

Очакването на всичко с вяра е могъщо. Например, нека да предположим, че едно от децата Ви се отклони от правия път и изобщо не учи. Дори това дете е способно да се превърне в добро по всяко време, ако вярвате в него, казвате му, че може да го постигне и го гледате с очи, изпълнени с надежда, че ще се промени. Вярата на родителите в децата ще мотивира тяхното подобрение и самоувереност. Самоуверените деца притежават убеждението, че са способни на всичко; те са способни да преодолеят трудности и тази нагласа в действителност засяга успехите им в училище.

Същото е, когато се грижим за душите в църквата. Не трябва да си правим заключения за всеки човек или да се обезкуражаваме с мисълта: „Изглежда много трудно този човек да се промени" или „тя е все същата". Трябва да гледаме на всички с надежда, че скоро ще се променят и смирят с любовта на Бога; да продължаваме да се молим за тях и да ги окуражаваме уверено с думите: „Можеш да го направиш!"

15. Любовта всичко търпи

1 Коринтяни 13:7 гласи: *"Любовта всичко премълчава, на всичко хваща вяра, на всичко се надява, всичко търпи."* Ще изтърпите всичко, ако обичате. Какво означава "да търпи"? Има определени последици, когато понасяме всички неща, които не съответстват на любовта. Ако има вятър над едно езеро или море, ще има и вълни. Ще останат малки вълнички, дори и след като вятърът се успокои. Нещата не свършват, дори и да понесем всичко – ще останат някакви последици.

Например, Исус казва в Матей 5:39: *"А пък Аз ви казвам: Не се противете на злия човек; но, ако те плесне някой по дясната буза, обърни му и другата."* Както е написано, дори и някой да Ви удари по дясната буза, не му отвръщайте, а просто го изтърпете. Това ли е всичко? Ще има последици от това. Ще изпитате болка. Бузата Ви ще боли, но най-голяма е болката в сърцето. Разбира се, хората имат различни основания, за да изпитат болка в сърцето. Някои хора изпитват сърдечна болка, защото считат, че са ударени безпричинно и са ядосани заради това. Други изпитват сърдечна болка, защото съжаляват, че са провокирали да ги ударят. Някой може да съжалява, че не е сдържал гнева си пред своя брат и го е изразил физически, вместо да направи това по конструктивен и правилен начин.

Последиците от понасянето могат да възникнат също чрез външни обстоятелства. Например, някой Ви удря по дясната буза. Вие обръщате другата, според Словото. Тогава Ви удря също и по лявата. Вие понасяте това, следвайки Словото, но ситуацията става все по-напрегната и изглежда се е влошила.

Такъв е случаят с Даниил. Той не отстъпил, знаейки, че ще бъде захвърлен в бърлогата на лъва. Вярвал в Бога и никога не спрял да се моли, дори и в застрашаващи живота му ситуации. Също така, не действал с лошо с онези, които се опитвали да го убият. Станало ли по-добре за него, след като понесъл всичко според Божието слово? Не. Той бил захвърлен в бърлогата на лъва!

Възможно е да считаме, че всички изпитания ще изчезнат, ако понасяме нещата, които противоречат на любовта. Каква е причината изпитанията да продължават? Провидението на Бога е да ни направи съвършени и ни даде удивителни благословии. Полетата ще родят здрави и силни реколти, понасяйки дъжда, вятъра и изгарящото слънце. Провидението на Бог е да станем истински Божи деца чрез изпитания.

Изпитания и благословии

Врагът дявол и Сатаната разстройва живота на Божите деца, когато се опитват да живеят в Светлината. Сатаната винаги се опитва да намери всякакви основания, за да обвини хората и го прави, ако покажат най-малкия недостатък. Пример за това е, когато някой действа с лошо срещу Вас и Вие го понасяте привидно, но все още имате негативни чувства вътрешно. Врагът дявол и Сатаната знае това и отправя обвинения срещу Вас за тези чувства. В този случай,

Бог трябва да позволи изпитания според обвинението. Докато се потвърди, че нямаме зло в сърцето, ще има проверки, наречени „пречистващи изпитания". Разбира се, ще има изпитания, дори и когато отхвърлим всички грехове и станем напълно святи. Този вид изпитания ни позволяват да получим по-големи благословии. По този начин, ние не само оставаме на нивото да нямаме никакво зло, но ще култивираме по-голяма любов и по-съвършена добрина, без да имаме пороци или недостатъци.

Това се отнася не само за личните благословии, но и когато се опитваме да постигнем Божието царство. Необходимо е да се постигне определена мярка от скалата на справедливостта, за да покаже Бог велики дела. Показвайки голяма вяра и дела на любовта, трябва да докажем, че имаме съда, за да получим отговора и да не може да ни се противопостави врагът дявол.

Ето защо, понякога Бог ни подлага на изпитания. Той ни позволява да Го възхваляваме повече с по-голяма победа и ни дава по-велики награди, ако понасяме само с добрина и любов. По-конкретно, ще получите със сигурност големи благословии, ако преодолеете преследванията и трудностите, които получавате заради Господ. *„Блажени сте, когато ви хулят и ви гонят, и говорят против вас лъжливо, всякакво зло заради Мене. радвайте се и веселете се, защото голяма е наградата ви на небесата, понеже така гониха пророците, които бяха преди вас"* (Матей 5:11-12).

Да премълчавате, да вярвате, да се надявате и да понасяте всички неща

Ще преодолеете всякакви видове изпитания, ако вярвате и се надявате на всички неща. Как по-конкретно трябва да вярваме, да се надяваме и да понасяме всички неща?

Първо, трябва да вярваме в любовта на Бога до края, дори и по време на изпитания.

1 Петрово 1:7 гласи: *„...с цел: изпитването на вашата вяра, като е по-скъпоценно от златото, което гине, но пак се изпитва чрез огън, да излезе за хвала и слава и почест, когато се яви Исус Христос."* Той ни усъвършенства, за да отговаряме на изискванията да бъдем способни да се радваме на молитвата, възхвалата и почитта, когато животът ни свърши на земята.

Също така, възможно е понякога да изпитаме несправедливи страдания, ако живеем изцяло според Божието слово и не се сприятеляваме със света. Винаги трябва да вярваме, че получаваме специалната любов на Бога. Тогава, вместо да бъдем обезкуражени, ще бъдем благодарни, защото Бог ни ръководи към по-добри обиталища на Небето. Също така, трябва да вярваме до край в любовта на Бога, дори и да има известна болка в изпитанията на вярата.

Ако болката е силна и продължава дълго време, можем да се запитаме: „Защо Бог не ми помага? Не ме ли обича повече?" В тези случаи, трябва да си спомним по-ясно любовта на Бога и да издържим изпитанията. Трябва да вярваме, че Бащата Бог иска да ни ръководи към по-добри небесни обиталища, защото ни обича. Ако издържим до края, ще станем съвършени деца на Бога. *„А твърдостта нека извърши делото си съвършено, за да бъдете съвършени и цели, без никакъв недостатък"* (Яков 1:4).

На второ място, за да понесем всички неща, трябва да вярваме, че изпитанията са прекият път за изпълнение на нашите надежди.

Римляни 5:3-4 гласи: *„И не само това, но нека се хвалим и в скърбите си, като знаем, че скръбта произвежда твърдост, а твърдостта изпитана правда; а изпитаната правда надежда."* Скръбта тук е като пряк път за постигане на нашите надежди. Можете да попитате: „О, кога мога да се променя?" Ако Вие издържате и продължавате да се променяте, тогава малко по малко накрая ще станете истинско и съвършено дете на Бога, което Му прилича.

Следователно, не трябва да избягвате изпитанията, а да се опитате да ги издържите с максимални усилия. Разбира се, природният закон и естественото желание на хората е да поемат най-лесния път, но нашето пътуване ще бъде по-дълго, ако ние се опитваме да се спасим от изпитанията. Например, има един човек, който постоянно и по всякакъв въпрос Ви създава проблеми. Вие не го показвате открито, но изпитвате неудобство винаги, когато го срещате и искате да го избегнете. В този случай не трябва просто да се опитвате да игнорирате ситуацията, а да я преодолеете активно. Трябва да понесете страданието, което изпитвате с него и да култивирате сърцето, за да разберете напълно и да простите на този човек. Тогава Бог ще Ви даде благоволение и ще се промените. По подобен начин, всяко от изпитанията ще стане стъпало и кратък път за изпълнение на Вашите надежди.

На трето място, за да понесем всички неща, трябва да правим само добро.

Когато понасят последствията съгласно Божието слово, дори и след издържане на всички неща, хората обикновено се оплакват от Бога: „Защо ситуацията не се променя, когато действам според Словото?" Всички изпитания на вярата са причинени от врага дявол и Сатаната. По-конкретно, проверките и изпитанията са битки между доброто и злото.

За да спечелим в тази духовна битка, трябва да се бием според правилата на духовното царство. Законът на духовното царство гласи, че доброто накрая побеждава. Римляни 12:21 гласи: *„Не се оставяй да те побеждава злото; но ти побеждавай злото чрез доброто."* Ако действаме с добрина по този начин, изглежда, че ще загубим и губим за определен момент, но в действителност не е така. Справедливият и добър Бог контролира цялото щастие, нещастие, живота и смъртта на хората. Следователно, трябва да действаме само с добрина, когато срещаме изпитания, проверки и преследвания.

В някои случаи вярващите изпитват преследвания от невярващите им роднини. В такъв случай, вярващите може да помислят: „Защо съпругът ми е толкова лош? Защо съпругата ми е толкова лоша?" Тогава обаче, изпитанието ще стане дори по-голямо и по-продължително. Какво е добрина в подобна ситуация? Трябва да се молите с любов и да им служите в Господ. Трябва да станете светлината, която осветява силно семейството Ви.

Ако Вие правите само добро за тях, Бог ще изпълни делото Си в най-подходящото време. Той ще прогони врага дявол и Сатаната и ще трогне сърцата на родниките Ви. Всички проблеми ще бъдат разрешени, когато действате в добрина съгласно правилата на Бога. Най-силното оръжие в духовната битка не е в силата на мъдростта на хората, а в добрината на Бога. Следователно, нека издържаме само в добрина и да правим добри неща.

Има ли някой около Вас, с когото мислите, че е много трудно да бъдете и да го понасяте? Някои хора грешат постоянно, нанасят щети и затрудняват другите. Някои се оплакват много и дори се мръщят за дребни неща. Ако култивирате истинска любов във Вас, няма да има никого, когото да не можете да понесете. Така е, защото ще обичате другите като себе си, както Исус ни казал да обичаме ближните си като нас самите (Матей 22:39).

Бащата Бог също ни разбира и издържа с нас по този начин. Докато култивирате тази любов във Вас, трябва да живеете като перлена стрида. Когато чужд предмет като пясък, морски водорасли или частица от черупка, попадне между нейната черупка и тялото, перлената стрида го превръща в ценна перла. По този начин, ако култивираме духовна любов, ще преминем през перлената врата и ще отидем в Новия Ерусалим, където се намира Божият трон.

Само си представете времето, когато ще преминете през

перлената врата и ще си спомните за Вашето минало на земята. Трябва да сме способни да признаем на Бащата Бог: „Благодаря, че премълча, вярва, надява се и понесе всички неща за мен", защото е направил сърцата ни красиви като перли.

Характеристики на духовната любов III

12. Любовта всичко премълчава

13. Любовта на всичко хваща вяра

14. Любовта на всичко се надява

15. Любовта всичко търпи

Съвършена Любов

*"Любовта никога не отпада; другите дарби, обаче,
пророчества ли са, ще се прекратят; езици ли са,
ще престанат; знание ли е, ще се прекрати.
Защото отчасти знаем и отчасти пророкуваме,
но когато дойде съвършеното, това, което е частично,
ще се прекрати. Когато бях дете, като дете говорех,
като дете чувствувах, като дете разсъждавах;
откак станах мъж, напуснал съм детинското.
Защото сега виждаме нещата неясно, като в огледало,
а тогава ще ги видим лице с лице; сега познавам отчасти,
а тогава ще позная напълно, както и съм бил напълно познат.
И тъй, остават тия трите: вяра, надежда и любов;
но най-голяма от тях е любовта."*

1 Коринтяни 13:8-13

Какво би искал/а да вземеш със себе си на Небето, ако имаш тази възможност? Злато? Диаманти? Пари? Всички тези неща са безполезни на Небето. Пътищата, по които вървите на Небето, са от чисто злато. Това, което Бащата Бог е приготвил в небесните обиталища, е много красиво и ценно. Бог разбира сърцата ни и подготвя най-добрите неща с максимални усилия. Можем да вземем нещо от тази земя, което на Небето ще бъде еднакво ценно. Това е любовта, култивирана в нашето сърце, докато живеем на този свят.

Любовта е необходима също на Небето

Всички неща на тази земя ще изчезнат, когато завърши култивацията на хората и отидем на небесното царство (Откровение 21:1). Псалми 103:15 гласи: *„Дните на човека са като трева; Като полски цвят, така цъфти."* Ще изчезнат също и неосезаемите неща като богатство, слава и власт. Ще изчезнат всички грехове и тъмнина като омраза, кавги, завист и ревност.

1 Коринтяни 13:8-10 гласи: *„Любовта никога не отпада; другите дарби, обаче, пророчества ли са, ще се прекратят; езици ли са, ще престанат; знание ли е, ще се прекрати. Защото отчасти знаем и отчасти пророкуваме; но когато дойде съвършеното, това, което е частично, ще се прекрати."*

Пророчеството, езиците и знанието за Бога са духовни неща, но защо ще се извършат на Небето? Небето е духовно царство и е съвършено място. На Небето ще научим всичко ясно. Дори и да проповядваме на този свят, напълно е различно да разбираме всичко на небесното царство в бъдещето. Тогава ясно ще разберем сърцето на Бога, Баща и Господ и пророчествата повече няма да са необходими.

Същото е и с езиците. Тук „езиците" се отнася за различните езици на хората. На земята сега има много различни езици и за да говорим на някого на различен език от нашия, трябва да го научим. Заради културните различия, ние се нуждаем от много време и усилия, за да споделим сърцето и мислите. Дори и да говорим същия език, не можем да разберем изцяло сърцата и мислите на другите хора. Дори и да говорим гладко и правилно, не е лесно да предадем изцяло сърцето и мислите си 100 %. Заради някои думи, можем да имаме недоразумения и кавги. С думите също се допускат много грешки.

Ако отидем на Небето, няма да се тревожим за тези неща. На Небето има само един език и не е необходимо да се тревожим за това, че не разбираме другите. Доброто сърце се предава такова, каквото е и не може да има недоразумения или предразсъдъци.

Същото се отнася за знанието. Тук „знанието" означава знанието за Божието слово. Когато живеем на тази земя, ние старателно учим Божието слово. Чрез 66-те книги на Библията, научаваме как да бъдем спасени и да получим вечен живот. Научаваме за Божията воля, но това е само част от нея, която се отнася само до това, което трябва да направим, за да отидем на Небето.

Например, ние чуваме, научаваме и практикуваме такива думи като: „Обичайте се помежду си", „Не завиждайте, не ревнувайте" и т.н. На Небето има само любов и там не се нуждаем от това знание. Макар и да са духовни неща, в края дори пророчеството, различните езици и цялото знание също ще изчезнат, защото те са необходими само временно на този физически свят.

Следователно, важно е да знаем Словото на истината и да научим за Небето, но по-важно е да култивираме любов. Ще отидем на по-добри небесни обиталища според степента, в която пречистим сърцето си и култивираме любов.

Любовта е ценна завинаги

Само си спомнете времето на Вашата първа любов. Колко щастливи бяхте! Както казваме, ние сме заслепени от любов и ако наистина обичаме някого, ще видим само добри неща в този човек и всичко на света ще изглежда красиво. Слънцето изглежда свети по-силно от всякога и усещаме аромата дори от въздуха. Има лабораторни доклади, посочващи, че частите от мозъка, които контролират негативните и критични мисли, са по-малко активни за влюбените. По същия начин, ако сте изпълнени с любовта на Бога в сърцето си, Вие сте еднакво щастливи, дори и да не ядете. На Небето, подобен вид радост ще продължава завинаги.

Нашият живот на тази земя е подобен на живота на дете, в сравнение с живота, който ще имаме на Небето. Бебето, което едва започва да говори, може да произнесе само няколко лесни думи, като „мама" и „татко". То не може да изрази много неща правилно. Също така, децата не са способни да разберат сложни неща от света на възрастните. Децата говорят, разбират и мислят според своите детски знания и умения. Те не разбират правилно стойността на парите, затова ако им дадат монети и банкноти, естествено предпочитат монетите; знаят, че монетите имат стойност – с тях са купували бонбони и сладолед, но не познават стойността на банкнотите.

Подобно е нашето разбиране за Небето докато живеем на тази земя. Знаем, че Небето е красиво място, но е трудно да изразим неговата красота. На небесното царство няма граници и красотата може да се изрази в пълна степен. Когато отидем на Небето, ще бъдем в състояние да разберем безкрайното и тайнствено духовно място и принципите, чрез които функционира всичко. 1 Коринтяни 13:11 гласи: *„Когато бях дете, като дете говорех, като дете чувствувах, като дете разсъждавах; откак станах мъж, напуснал съм детинското."*

На небесното царство няма тъмнина, тревоги или притеснения. Там съществува само добрина и любов. Ето защо, можем да изразим нашата любов един към друг, колкото искаме. По този начин, физическият свят и духовното царство са напълно различни. Разбира се, дори на тази земя, има голяма разлика в човешкото разбиране и мисли, според степента на индивидуалната вяра.

В 1 Йоан глава 2, всяко от равнищата на вярата е определено като „малки деца", „деца", „млади хора" и „бащи". Хората, които са на равнището на вярата на малки деца или на деца, духовно са като деца. Те не могат истински да разберат дълбоките духовни неща. Имат малка сила, за да спазват

Словото, но когато станат млади хора и бащи, техните думи, мислене и действия стават различни. Те имат по-голяма възможност да спазват на практика Божието слово и са способни да спечелят в битките срещу силата на тъмнината. Въпреки това дори и да постигнем вярата на бащи на тази земя, все още сме като деца в сравнение с времето, когато отиваме на небесното царство.

Ще изпитваме съвършена любов

Детството е време за подготовка, за да станем възрастни и по подобен начин, животът на тази земя е подготовката за вечен живот. Освен това, този свят минава бързо, защото е като сянка, в сравнение с вечното царство на небето. Сянката не е истинско същество. С други думи, не е реална. Тя е само изображение, което прилича на оригиналното същество.

Цар Давид благословил ГОСПОД пред всички и казал: *"Защото сме чужденци пред Тебе, и пришелци, както всичките ни бащи; дните ни на земята са като сянка, и трайност няма"* (1 Летописи 29:15).

Когато гледаме сянката на нещо, разбираме общото очертание на този предмет. Този физически свят също е като сянка, която ни дава малка идея за вечния свят. Когато сянката, която е животът на тази земя, отмине, истинската същност ще бъде ясно разкрита. В този момент, знаем едва смътно и неясно за духовното царство, сякаш гледаме в огледало. Когато отидем на небесното царство, ще разберем ясно, сякаш гледаме лице в лице.

1 Коринтяни 13:12 гласи: „*Защото сега виждаме нещата неясно, като в огледало, а тогава ще ги видим лице с лице; сега познавам отчасти, а тогава ще позная напълно, както и съм бил напълно познат.*" Апостол Павел написал тази Глава за любовта преди около 2000 години. Огледалата по онова време не били толкова ясни, колкото са днес. Те не били направени от стъкло. Хората използвали сребро, бронз или стомана и излъсквали метала, за да отразява светлината. Затова огледалата били смътни. Разбира се, някои хора виждат и усещат небесното царство по-живо, с духовни очи, които са отворени. Въпреки това, все още усещаме много смътно красотата и щастието на Небето.

Когато отидем на небесното царство по-късно, ясно ще видим всяка негова подробност и ще я почувстваме директно. Ще научим за величието, могъществото и красотата на Бога, които са неописуеми с думи.

Любовта е най-велика сред вярата, надеждата и любовта

Вярата и надеждата са много важни за нарастването на нашата вяра. Ще бъдем спасени и ще отидем на Небето само, когато имаме вяра. Можем да станем Божи деца само с вяра. Вярата е много ценна – само с нея ще спечелим спасение, вечен живот и небесното царство. Тя е най-голямото от всички съкровища – тя е ключът за получаване на отговори на нашите молитви.

Ами надеждата? Надеждата също е ценна; заемаме

по-добри обиталища на Небето като имаме надежда. Ето защо, ако имаме вяра, естествено ще имаме надежда. Ако уверено вярваме в Бога, в небето и в Ада, ще имаме надежда за небето. Също така, ако имаме надежда, ние се опитваме да станем святи и работим предано за Божието царство. Вярата и надеждата са задължителни, за да постигнем небесното царство. Защо 1 Коринтяни 13:12 гласи, че любовта е най-велика?

Първо, вярата и надеждата са необходими само по време на нашия живот на тази земя и само духовната любов остава на небесното царство.

На Небето не трябва да вярваме или да се надяваме в нищо без да го виждаме, защото всичко ще е там пред очите ни. Представете си, че има някой, когото много обичате и не сте виждали от една седмица или повече, например десет години. Ще бъдете много и дълбоко развълнувани, когато се срещнете отново след десет години. И когато срещнете този човек, който Ви е липсвал десет години, ще има ли още някой, на който да му липсва?

Същото се отнася за нашия християнски живот. Ако наистина имаме вяра и обичаме Бога, ще имаме по-голяма надежда с течение на времето и с нарастване на вярата ни. Господ ще ни липсва все повече с всеки изминат ден. Хората, които се надяват за Небето по този начин, няма да кажат, че е трудно, дори и да вървят по тесния път на тази земя и няма да се отклонят от никакво изкушение. Няма повече да се нуждаем от вяра и надежда, когато достигнем крайната ни дестинация, небесното царство. Любовта остава на Небето завинаги и затова Библията гласи, че любовта е най-велика.

На второ място, можем да притежаваме Небето с вяра, но без любов, не сме способни да отидем на най-красивото обиталище, Новия Ерусалим.

Можем да получим небесното царство според степента, в която действаме с вяра и надежда. Според степента, в която живеем според Божието слово, отхвърлим греховете и култивираме красиво сърце, ще получим духовна вяра и според мярката на тази духовна вяра, ще получим различни обиталища на Небето: Рай, Първо царство на Небето, Второ царство на Небето, Трето царство на Небето и Новият Ерусалим.

Раят е за онези, които имат вяра, достатъчна да се спасят, чрез приемането на Исус Христос. Това означава, че те не са направили нищо за Божието царство. Първото небесно царство е за онези, които са се опитали да живеят според Божието слово, след приемането на Исус Христос. То е много по-красиво от Рая. Второто небесно царство е за онези, които са живяли според Божието слово с тяхната любов към Бога и са били предани на Божието царство. Третото небесно царство е за онези, които обичат Бога във висша степен и са отхвърлили всички форми на злото, за да станат святи. Новият Ерусалим е за онези, чиято вяра удовлетворява Бога и са били предани в целия дом на Бога.

Новият Ерусалим е небесно обиталище, отдадено на онези деца на Бога, които са култивирали съвършена любов с вяра и имат кристалоидна вяра. В действителност, никой освен Исус Христос, единственият роден Син на Бога, не отговаря на условията да влезе в Новия Ерусалим. Тъй като сме живи същества, ние също отговаряме на изискванията да отидем там, ако сме оправдани с ценната кръв на Исус Христос и притежаваме съвършена вяра.

За да приличаме на Господ и да живеем в Новия Ерусалим, трябва да следваме пътя, който поел Господ. Този път е любов. Само с тази любов можем да получим деветте плода на Светия дух и Блаженствата, за да станем истински Божи деца, които приличат на Господ. След като станем истински Божи деца, ние получаваме всичко, което поискаме на тази земя и ще имаме привилегията да вървим редом с Господ завинаги на Небето. Следователно, можем да отидем на Небето, когато имаме вяра и сме способни да отхвърлим греховете, когато имаме надежда. Поради тази причина вярата и надеждата са абсолютно необходими, но любовта е най-велика, защото можем да влезем в Новия Ерусалим само когато имаме любов.

Любов: Изпълнение на Закона

„Не оставайте никому дължни в нищо,

освен един друг да се обичате, защото,

който обича другиго, изпълнява закона.

Понеже заповедите: „Не прелюбодействувай";

„Не убивай"; „Не кради"; „Не пожелавай";

и коя да било друга заповед се заключават в тия думи:

„Да обичаш ближния си както себе си."

Любовта не върши зло на ближния;

следователно, любовта изпълнява закона."

Римляни 13:8-10

Част 3
Любовта е изпълнението на Закона

Глава 1 : Любовта на Бога

Глава 2 : Любовта на Христос

Любовта на Бога

„И ние познаваме и сме повярвали любовта,
която Бог има към нас. Бог е любов;
и който пребъдва в любовта,
пребъдва в Бога, и Бог пребъдва в него."
1 Йоаново 4:16

Докато работи с индиянския народ Кечуа, Елиот започнал да се подготвя да достигне известното със своята жестокост индианско племе Хуаорани. Той и четирима други мисионери, Ед МакКъли, Роджер Юдериан, Питър Флеминг и техният пилот Нейт Сейнт, се свързали от своя самолет с индианците Хуаорани, използвайки високоговорител и кошница, за да носят подаръците. След няколко месеца, хората решили да построят база на малко разстояние от индианското племе, покрай реката Курарей. Няколко пъти до тях се приближили малки групи от индианци Хуаорани и дори направили екскурзия със самолета на един любопитен индианец Хуаорани, когото нарекли „Джордж" (истинското му име било Наенкиви). Окуражени от тези приятелски срещи, те започнали планове да посетят Хуаорани, но плановете им били прекъснати от пристигането на по-голяма група от Хуаорани, които убили Елиот и неговите четирима спътници на 8 януари, 1956 г. Осакатеното тяло на Елиот било намерено надолу по течението, заедно с телата на другите хора, с изключение на тялото на Ед МакКъли.

Елиот и приятелите му веднага станали световно-известни като мъченици и списанието Life публикувало статия от 10 страници за тяхната мисия и смърт. На тях се приписва заслугата за събуждане на интереса към християнските мисии сред младежта на тяхното време и все още мотивират християнските мисионери, работещи в целия свят. След смъртта на нейния съпруг, Елизабет Елиот и други мисионери започнали да работят с индианците Аука, където имали огромно въздействие и спечелили много привърженици. Много души били спечелени с любовта на

Бога.

> *Не оставайте никому длъжни в нищо, освен един друг да се обичате, защото, който обича другиго, изпълнява закона. Понеже заповедите: „Не прелюбодействувай"; „Не убивай"; „Не кради"; „Не пожелавай"; и коя да било друга заповед се заключават в тия думи: „Да обичаш ближния си както себе си." Любовта не върши зло на ближния; следователно, любовта изпълнява закона (Римляни 13:8-10).*

Най-високото равнище на любов сред всички видове любов е любовта на Бога към нас. Създаването на всички неща и на човешките същества също произлиза от любовта на Бога.

Бог създал всички неща и човешки същества със Своята любов.

В началото Бог приел обширното пространство на вселената в Себе си. Тази вселена е различна от вселената, която познаваме днес. Това е пространство, което няма начало или край, или граници. Всички неща се извършват според Божията воля и това, което е приел в сърцето Си. Тогава, ако Бог може да направи и да има, каквото иска, защо създал човешките същества?

Той искал истински деца, с които да сподели красотата на Своя свят, който обичал. Той искал да сподели пространството, където всичко се извършва, както иска. Подобно е с човешкия разум; ние бихме искали открито да споделим добри неща с хората, които обичаме. С тази надежда, Бог планирал човешката цивилизация, за да добие истински деца.

За начало, Той разделил единното пространство на физически и духовен свят, създал небесния домакин и ангелите, други духовни същества и всички други необходими неща в духовното царство. Той направил място за Него, където да живее, както и небесното царство, където да живеят Неговите истински деца и пространството за човешките същества, за да преминат култивацията на човечеството. След като изминало безкрайно много време, Той създал Земята във физическия свят, заедно със слънцето, луната, звездите и природната среда, всички които били необходими, за да живеят хората.

Има безброй духовни същества около Бога, като ангелите, но те са покорни безусловно, подобно на роботи. Те не са същества, с които Бог може да сподели Неговата любов. Поради тази причина, Бог създал хората по Свой образ, за да получи истински деца, с които да може да сподели Неговата любов. Ако имате възможност да притежавате роботи с красиви лица, които действат точно, както искате, възможно ли е да заменят Вашите деца? Макар и Вашите деца да не Ви слушат понякога, те пак ще бъдат по-хубави от тези роботи, защото могат да почувстват Вашата любов и да изразят своята любов за Вас. Същото е и с Бог. Той искал истински деца, с които да може да замени Своето сърце. С тази любов, Бог създал първото човешко същество и той бил Адам.

След като Бог създал Адам, Той направил градина на едно място, наречено Едем, на изток и го завел там. Едемската градина била отдадена на Адам по Божието усмотрение. Това е удивително красиво място, където цветята и дърветата растат много добре и наоколо се разхождат красиви животни. Навсякъде има изобилни плодове. Ветровете се усещат като мека коприна и тревата издава шепот. Водата блести като ценни скъпоценни камъни с отраженията на светлината в тях. Дори и с най-богатото въображение, човек не може да изрази изцяло красотата на това място.

Бог дал на Адам помощница, която нарекъл Ева. Той не направил това, защото Адам се чувствал самотен. Бог разбрал сърцето на Адам предварително, защото самият Той дълго време бил сам. В най-добрите условия за живот, осигурени от Бога, Адам и Ева вървяли с Него и в продължение на дълго, дълго време, те се радвали на голяма власт, като господари на всички творения.

Бог култивира човешките същества, за да ги превърне в истински Свои деца.

Въпреки това, на Адам и Ева им липсвало нещо, за да бъдат истински деца на Бога. Въпреки че Бог им дал изцяло любовта Си, те не били способни да я почувстват истински. Те се наслаждавали на всичко, отдадено от Бога, но нямало нищо, което да са спечелили или придобили със собствени усилия. По този начин, те не разбирали колко ценна била любовта на Бога и не оценявали това, което им било дадено. Освен това, те никога не изпитвали смъртта или нещастието и не познавали ценността на живота. Те никога не изпитвали омраза и не осъзнавали истинска същност на любовта. Макар и да имали познание за нея, не били способни да изпитат истинска любов в сърцата си, защото нямали личен опит.

Това е основната причина Адам и Ева да ядат от дървото на познанието на доброто и злото. Бог казал: „*...защото в деня, когато ядеш от него, непременно ще умреш*", но те не знаели истинското значение на смъртта (Битие 2:17). Нима Бог не знаел, че те щели да ядат от дървото на познанието на доброто и злото? Да, знаел. Той знаел, но въпреки това дал на Адам и Ева свободна воля да направят сами своя избор. Това е основата на провидението за човешката култивация.

Чрез човешката култивация, Бог искал всички хора да изпитат сълзи, скръб, болка, смърт и т.н. и когато отидат на Небето по-късно, да почувстват истински колко ценни и скъпи са небесните неща и да бъдат способни да се радват на истинско щастие. Бог искал да сподели Своята любов с тях завинаги на Небето, което е несравнимо по хубост дори и с Едемската градина.

След като Адам и Ева не се подчинили на Божието слово, те нямали право повече да живеят в Едемската градина. Животните и растенията също били прокълнати, защото Адам загубил също своята власт нас всички същества. Земята някога имала изобилие и красота, но също била прокълната. Сега раждала тръни и бодли и хората не били способни да пожънат нищо, без упорит труд и пот на челата си.

Въпреки че Адам и Ева не се подчинили на Бога, Той ги облякъл с кожени дрехи, защото щели да живеят в напълно различна среда (Битие 3:21). Сърцето на Бога сигурно е изгаряло, като сърцата на родителите, които изпращат своите деца далеч, за да се подготвят за своето бъдеще. Въпреки тази любов на Бога, скоро след като започнала култивацията на хората, те се опетнили с грехове и бързо се отдалечили от Бога.

Римляни 1:21-23 гласи: *„Защото, като познаха Бога, не Го прославиха като Бог, нито Му благодариха; но извратиха се чрез своите мъдрувания, и несмисленото им сърце се помрачи. Като се представяха за мъдри, те глупееха и славата на нетленния Бог размениха срещу подобие на образ на смъртен човек, на птици, на четвероноги и на гадини."*

За това греховно човечество, Бог показал Своето провидение и любов чрез избраните хора, израилтяните. От една страна, когато живяли според Божието слово, Той показал удивителни чудеса и знамения и им дал големи благословии. От друга страна, когато се отдалечили от Бога, почитали идоли и съгрешавали, Бог изпратил много пророци, за да предаде Своята любов.

Един от тези пророци бил Осия, който бил активен в тъмна епоха, след разделянето на Израел на Северен Израел и Южна Юдея.

Бог дал на Осия специална заповед: *„Иди, вземи си блудна жена, и добий чада от блудство"* (Осия 1:2). Невъобразимо било за един набожен пророк да се ожени за блудна жена. Макар и да не разбирал изцяло Божието намерение, Осия се подчинил на думите Му и се оженил за жена, наречена Гомер.

Родили им се три деца, но Гомер отишла при друг мъж, водена от своето сладострастие. Въпреки всичко, Бог казал на Осия да обича жена си (Осия 3:1). Осия я потърсил и я купил за себе си за петнадесет сребърника, един пощенски гълъб и половин килограм ечемик.

Любовта на Осия към Гомер символизира любовта на Бога към нас. От своя страна, блудната жена Гомер символизира всички хора, опетнени с грехове. Така, както Осия взел блудница за своя жена, Бог първо обичал онези от нас, които били опетнени с грехове на този свят.

Той показал Неговата безкрайна любов, надявайки се всички да се откажат от пътя на смъртта и да станат Негови деца. Дори и да се сприятелят със света и да се отдалечат от Бога за известно време, Той няма да каже: „Вие ме напуснахте и аз няма да Ви приема отново." Той иска само всички да се върнат към Него с по-голямо желание от това на родителите, които чакат да се върнат избягалите им от дома деца.

Бог подготвил Исус Христос преди вековете

Притчата за разточителния син в Лука 15 показва ясно сърцето на Бащата Бог. Вторият син, който се наслаждавал на охолен живот като дете, не изпитвал благодарност към баща си и не оценявал живота, който водил. Един ден, поискал предварително парите от своето наследство. Той бил типичното покварено дете, което искало парите от своето наследство, докато баща му бил все още жив.

Бащата не бил в състояние да спре сина си, който изобщо не го разбирал и накрая му дал парите от наследството. Синът бил щастлив и заминал на екскурзия. Страданието на бащата започнало от този момент и той бил много разтревожен: „Ами ако се нарани? Ами ако се запознае с лоши хора?" Бащата не бил в състояние дори да спи, тревожейки се за сина си, гледайки към хоризонта с надеждата да се върне.

Скоро, синът похарчил всички пари и хората започнали да се държат лошо с него. Ситуацията му била толкова ужасна, че бил готов да засити глада си с храната на прасетата, но никой нищо не му давал. Спомнил си за бащиния дом и се върнал вкъщи, но толкова много съжалявал, че не можел да вдигне главата си. Бащата се втурнал към него и го целунал; за нищо не го упрекнал, толкова бил щастлив, че го облякъл с най-хубавите дрехи и заклал едно теле, за да направи тържество в негова чест. Такава е любовта на Бога.

Божията любов не се отдава само на специални хора по специално време. 1 Тимотей 2:4 гласи: *„Бог иска да се спасят всичките човеци и да достигнат до познание на истината."* Той държи вратата на спасението отворена по всяко време и когато една душа се върне при Него, Той я приветства с много радост и щастие.

С тази любов на Бога, който не ни изоставя до край, пътят е отворен за всички, за да получат спасение. Бог приготвил Своя роден Син Исус Христос. Както е записано в Евреи 9:22: *„И почти мога да кажа, че по закона всичко с кръв се очистя; и без проливането на кръв няма прощение."* Исус платил цената на греховете, която трябвало да платят грешниците, с Неговата ценна кръв и Неговия собствен живот.

1 Йоаново 4:9 говори за любовта на Бога, както е записано: *„В това се яви Божията любов към нас, че Бог изпрати на света Своя единороден Син, за да живеем чрез Него."* Бог накарал Исус да пролее Своята ценна кръв, за да изкупи човечеството от всичките му грехове. Исус бил разпънат, но Той преодолял смъртта и възкръснал на третия ден, защото бил безгрешен. Така бил открит пътят за нашето спасение. Да даде Своя роден Син не е толкова лесно, колкото изглежда. Една корейска приказка гласи: „Родителите не изпитват болка, дори да вкарат физически децата в очите им." Много родители считат, че животът на децата им е по-важен от собствения им живот.

Следователно, Бог показва съвършена любов, отдавайки Своя роден Син Исус. Освен това, Бог подготвил небесното царство за онези, които се връщат към Него чрез кръвта на Исус Христос. Колко велика е тази любов! Въпреки това, любовта на Бога не свършва тук.

Бог ни дал Светия дух, за да ни ръководи до Небето

Бог отдава Светия дух като подарък на онези, които приемат Исус Христос и получават опрощение на греховете си. Светият дух е сърцето на Бога. От времето на възнесението на Господ, Бог изпратил в сърцата ни Помощника, Светия дух.

Римляни 8:26-27 гласи: *„Така също и Духът ни помага в нашата немощ: понеже не знаем да се молим както трябва; но самият Дух ходатайствува в нашите неизговорими стенания; а тоя, който изпитва сърцата, знае какъв е умът на Духа, защото той ходатайствува за светиите по Божията воля."*

Когато съгрешаваме, Светият дух ни ръководи да се разкаем чрез неизговорими стенания. На хората със слаба вяра, Той дава вяра; на хората, които нямат надежда, дава надежда. Така, както майките нежно утешават и се грижат за своите деца, Той ни дава Своя глас, за да не бъдем наранени или ощетени по никакъв начин. По този начин, Той ни позволява да научим за сърцето на Бога, който ни обича и ни ръководи към небесното царство.

Не можем да не обичаме и ние Бога, ако разберем дълбоко тази любов. Ако обичаме Бог с нашето сърце, Той ни отвръща с голяма и изумителна любов, който ще ни обхване. Той ни дава здраве и ни благославя всичко да бъде добре с нас. Той прави това, защото такъв е законът на духовното царство, но най-важното е, че Той иска всички ние да чувстваме Неговата любов чрез благословиите, които получаваме от Него. *„Аз любя ония, които ме любят, и ония, които ме търсят ревностно, ще ме намерят"* (Притчи 8:17).

Какво почувствахте, когато срещнахте Бога за първи път и получихте изцеление или разрешения на различни проблеми. Сигурно сте почувствали, че Бог обича дори и грешник като Вас. Вярвам, че сте признали от сърце: „Ако можехме да напълним океана с мастило и ако небето бе направено от пергамент, трябва да пресушим океана, за да изпишем любовта на Бога на него." Също така, вярвам, че сте били заляти от любовта на Бога, който Ви е дал вечно Небе, където няма притеснения, скръб, болести, раздяла и смърт.

Ние не сме обичали Бог първи. Той първи ни е доближил и е протегнал ръцете Си към нас. Той не ни е обичал, защото сме заслужавали да бъдем обичани. Бог ни обичал толкова много, че дал Своя роден Син за нас, които сме били грешници и ни очаквала смърт. Може ли жена да забрави сучещото си дете, та да се не смили за чадото на утробата си? Обаче те, ако и да забравят, Аз все пак няма да те забравя (Исая 49:15). Той ни очаква сякаш хиляда години са един ден.

Божията любов е истинска любов, която не се променя, дори с течение на времето. Когато отидем на Небето по-късно, устата ни ще остане отворена, като видим красивите корони, блестящия фин лен и небесните къщи, построени със злато и скъпоценни камъни, които Бог ще е приготвил за нас. Той ни дава награди и подаръци, дори и по време на нашия земен живот тук и ревностно очаква деня, когато ще бъде с нас във вечната Му слава. Нека да почувстваме Неговата велика любов.

Глава 2 — *Любовта на Христос*

Любовта на Христос

„ ...и ходете в любов,
както и Христос ви възлюби
и предаде Себе Си за нас принос
и жертва на Бога за благоуханна миризма. "
Ефесяни 5:2

Любовта има великата сила да направи възможно невъзможното. По-специално, любовта на Бога и любовта на Господ е истински удивителна. Тя може да превърне некомпетентните хора, които не са способни да направят нищо, в компетентни хора, които могат да направят всичко. Когато необразованите рибари, данъчните инспектори – които навремето били считани за грешници – бедните, вдовиците и пренебрегнатите хора на света, срещнали Господ, животът им напълно се променил. Тяхната бедност и болестите им били разрешени и те почувствали истинска любов, която никога преди това не били изпитвали. Те считали себе си за безполезни, но били родени отново като славни инструменти на Бога. Това е силата на любовта.

Исус дошъл на тази земя, изоставяйки цялата небесна слава

В началото Бог бил Словото и Словото дошло на тази земя в човешко тяло. Това е Исус, единственият роден Син на Бога. Исус дошъл на тази земя, за да спаси греховното човечество, което вървяло по пътя на смъртта. Името „Исус" означава *„Той е който ще спаси людете Си от греховете им"* (Матей 1:21).

Всички тези грешни хора не били по-различни от животните (Еклесиаст 3:18). Исус се родил в обор за животни, за да спаси хората, които изоставили това, което трябвало да правят и не били по-добри от животни. Той бил положен в ясли, предназначени за хранене на животни, за да стане истинска храна за тези хора (Йоан 6:51). Това било, за да позволи на хората да възстановят загубения образ на Бога и да могат да изпълняват изцяло задълженията си.

Също така, Матей 8:20 гласи: *„Лисиците си имат леговища, и небесните птици гнезда; а Човешкият Син няма где глава да подслони."* Както е записано, Той нямал къде да спи и трябвало да прекара нощта на полето, понасяйки студ и дъжд. Той нямал храна и често изпитвал глад. Това не било, защото бил неспособен, а за да ни спаси от бедност. 2 Коринтяни 8:9 гласи: *„Защото знаете благодатта на нашия Господ Исус Христос, че, богат като бе, за вас стана сиромах, за да се обогатите вие чрез Неговата сиромашия."*

Исус започнал Своето духовенство със знамение, превръщайки водата във вино на сватбеното тържество в Хана. Той проповядвал Божието царство и изпълнил много чудеса и знамения в областите на Юдея и Галилея. Голям брой хора били излекувани, куците започнали да вървят и да скачат и обзетите от демони били освободени от силата на тъмнината. Дори един човек, който бил мъртъв от четири дни и миришел отвратително, излязъл жив от гроба (Йоан 11).

Исус показал такива удивителни неща по време на Неговото духовенство на тази земя, за да позволи на хората да осъзнаят Божията любов. Освен това, представлявайки едно по произход с Бога и със самото Слово, Той спазвал Закона изцяло, за да представи съвършен пример за нас. Също така, Той спазвал целия Закон, но не осъдил онези, които нарушили Закона и трябвало да умрат. Той просто учил хората на истината, за да може още една душа да се покае и да получи спасение.

Ако Исус беше измервал строго според Закона, никой нямаше да получи спасение. Законът представлява Божите заповеди, които ни казват какво да правим, какво да не правим, какво да отхвърлим и какво да запазим. Например, има такива заповеди като: "спазвай свещен съботния ден; не завиждай на ближния си; почитай родителите си; отхвърли всички форми на злото." Крайната цел на всички закони е любовта. Ако спазвате всички правилници и закони, можете да проявявате любов, поне външно.

Това, което Бог иска от нас, не е само да спазваме Закона чрез делата ни. Той иска да спазваме Закона с нашата любов от все сърце. Исус познавал това сърце на Бога много добре и изпълнил Закона с любов. Един от най-добрите примери е случаят на жената, която била хваната в самия акт на прелюбодейство (Йоан 8). Един ден, писарите и фарисеите довели жената, която била хваната па сцената на прелюбодейството, поставили я в центъра на вниманието и попитали Исус: *"Моисей ни е заповядал в закона да убиваме такива с камъни; Ти, прочее, що казваш за нея?"* (Йоан 8:5).

Те казали това, за да имат основания да обвинят Исус. Какво мислите, че изпитвала жената в този момент? Сигурно се срамувала, че грехът й бил разкрит пред всички и вероятно треперила от страх, защото щели да я убият с камъни. Ако Исус беше казал: "Убийте я", животът й щеше да свърши, след ударите на камъните.

Исус не им казал да я накажат според Закона. Вместо това,

Той се навел и започнал да пише на земята с пръста Си. Това били имената на греховете, извършени от хората около Него. След като изброил греховете им, Той се изправил и обявил: *„Който от вас е безгрешен, нека пръв хвърли камък на нея"* (стих 7). След това, Той се навел отново и започнал да пише.

Този път, Той записал греховете на всички хора, сякаш виждал кога, къде и как всеки от тях съгрешил. Онези от тях, които имали угризения на съвестта, напуснали мястото един по един. Накрая останали само Исус и жената. Стихове 10 и 11 гласят: *„И когато се изправи, Исус й рече: Жено, „къде са тези, които те обвиняваха? Никой ли не те осъди?" И тя отговори: „Никой Господи." Исус рече: Нито Аз те осъждам. Иди си. Отсега не съгрешавай вече."*

Нима жената не знаела, че наказанието за прелюбодеяние е убиване с камъни? Разбира се, че знаела. Тя познавала Закона, но извършила греха, защото не била способна да преодолее своето сладострастие. Очаквала да бъде убита, защото прегрешението й било разкрито, но неочаквано изпитала опрощението на Исус. Колко ли развълнувана е била! Тя не би могла да прегреши отново, спомняйки си за любовта на Исус.

Исус със Своята любов простил на жената, която нарушила Закона. Означава ли това, че Законът не е валиден, ако изпитваме любов към Бога и към ближните ни? Не, не означава. Исус казал: *„Да не мислите, че съм дошъл да разруша закона или пророците; не съм дошъл да разруша но да изпълня"* (Матей 5:17).

Ще спазваме още повече Божията воля, защото имаме Закона. Ако някой просто казва, че обича Бога, не можем да измерим колко голяма е любовта му. Въпреки това, степента на тази любов може да бъде измерена, защото имаме Закона. Човек със сигурност ще спазва Закона, ако обича Бога от все сърце. За такъв човек не е трудно да спазва Закона. Освен това, според степента, в която спазва Закона правилно, той ще получи Божията любов и благословии.

Въпреки това, законоведите от времето на Исус не се интересували от любовта на Бога, съдържаща се в Закона. Тяхната основна цел не била да направят святи сърцата си, а само да спазват формалностите. Те се чувствали святи и дори се гордяли с привидното спазване на Закона. Те считали, че спазвали Закона и така веднага осъждали и упреквали другите, които го нарушавали. Когато Исус обяснил истинското значение, съдържащо се в Закона и проповядвал за Божието сърце, те обявили Исус за грешен и за обзет от демони.

Фарисеите не изпитвали любов и душите им не се облагодетелствали изобщо от спазването на Закона (1 Коринтяни 13:1-3). Те нс отхвърлили злините от сърцата си, а само осъждали и упреквали другите, с което се отдалечили от Бога. Накрая, те извършили греха да разпънат на кръста Сина на Бога, което не могли да променят.

Исус изпълнил провидението на кръста с подчинение до смъртта Си

В края на тригодишното Си духовенство, Исус отишъл на Елеонския хълм, малко преди да започнат страданията Му. С напредване на нощта, Исус се молил ревностно с лице, обърнато към разпятието пред Него. Молитвата Му била призив за спасението на всички души чрез кръвта Му, която била невинна. Това била молитва за сила, за да преодолее страданията на кръста. Той се молил страстно и потта Му станала като капки кръв, падащи на земята (Лука 22:42-44).

В тази нощ, Исус бил заловен от войниците, които го водили от едно място на друго, за да Го разпитват. Накрая получил смъртна присъда в съда на Пилат. Римските войници поставили тръни на главата Му, плюли по Него и Го удряли, преди да го отведат на мястото на екзекуцията (Матей 27:28-31).

Тялото Му било покрито с кръв. Цяла нощ Го удряли и Му се присмивали и с това тяло Го завели в Голгота, носейки дървения кръст. Следвала Го огромна тълпа. Някога хората Го посрещали с викове „Осана", но сега крещели „Разпънете Го!" Лицето на Исус било неразпознаваемо от кръвта, която Го покривала. Нямал повече сили, поради причинената болка от изтезанията и за него било изключително трудно да направи още една крачка.

След като стигнал Голгота, Исус бил разпънат на кръста, за да ни изкупи от греховете. За да спаси нас, които сме били под проклятието на Закона, който гласи, че надницата за греха е смърт (Римляни 6:23), Той бил разпънат на дървен кръст и пролял кръвта Си. Той простил греховете, които извършваме в мислите си, носейки тръните на Неговата глава. Той бил закован за Неговите ръце и крака, за да ни прости за греховете, които извършваме с ръцете и краката си.

Невежите хора, които не знаели това, се присмивали и

подигравали на Исус, който висял на кръста (Лука 23:35-37). Дори и обхванат от мъчителна болка, Исус се молил за опрощението на онези, които Го разпънали, както е записано в Лука 23:34: *„Отче, прости им, защото не знаят какво правят."*

Разпъването на кръст е един от най-жестоките методи за екзекутиране. Осъденият страда от болка по-дълго време, отколкото при други наказания. Ръцете и краката са заковани и плътта се разкъсва. Настъпва тежка дехидратация и нарушение в кръвообращението. Това причинява бавно влошаване на функциите на вътрешните органи. Екзекутираният страда също от болката, причинена от насекомите, които са привлечени от миризмата на кръвта.

За какво според вас мислел Исус, докато бил на кръста? Той не мислил за мъчителната болка на тялото Му. Вместо това, Той мислил за причината Бог да създаде хората, за значението на човешката култивация на земята и за причината Той да пожертва Себе Си като изкупителна жертва за греховете на човечеството, затова отправил сърдечни молитви на благодарност.

След като Исус страдал в болка в продължение на шест часа на кръста, Той казал: *„Жаден съм"* (Йоан 19:28). Това била духовна жажда, представляваща жаждата да спечели душите, които вървят по пътя на смъртта. Мислейки за големия брой души, които ще живеят на тази земя в бъдеще, Той ни молил да предадем посланието на кръста и да спасим душите.

Исус накрая казал: *„Свърши се!"* (Йоан 19:30) и издъхнал

след думите: *„Отче, в Твоите ръце предавам Моя дух"* (Лука 23:46). Той предал духа Си в ръцете на Бога, защото завършил Своето задължение да открие пътя на спасението за всички хора, превръщайки се в изкупителна жертва. Това бил моментът на проявление на най-голяма любов.

От тогава била разрушена стената от грях, издигната между Бог и нас и вече станало възможно да общуваме пряко с Бога. Преди това, първосвещениците трябвало да принасят жертви за опрощение на греховете от името на хората, но това вече не е така. Всеки, който вярва в Исус Христос, може да влезе в светия храм на Бог и да Го почита директно.

Исус подготвя небесните обиталища с Неговата любов

Преди да поеме кръста, Исус уведомил Неговите ученици какво щяло да стане. Той им казал, че трябвало да поеме кръста, за да изпълни провидението на Бащата Бог, но учениците Му продължили да се тревожат. Той им обяснил за небесните обиталища, за да ги утеши.

В Йоан 14:1-3 пише: *„Да се не смущава сърцето ви; вие вярвате в Бога, вярвайте и Мене. В дома на Отца Ми има много обиталища; ако не беше така, Аз щях да ви кажа, защото отивам да ви приготвя място. И като отида и ви приготвя място, пак ще дойда и ще ви взема при Себе Си, тъй щото гдето съм Аз да бъдете и вие."* В действителност, Той преодолял смъртта, възкръснал и се възнесъл на Небето пред очите на много хора, за да подготви небесните обиталища за нас. Какво означава изразът: „Отивам да ви приготвя място."

1 Йоаново 2:2 гласи: „…*Той е умилостивение за нашите грехове, и не само за нашите, но и за греховете на целия свят.*" Това означава, че всеки може да притежава Небето с вяра, защото Исус съборил стената от грях между Бога и нас.

Исус казва: „В дома на Отца Ми има много обиталища" и това означава, че Той иска всички да получат спасение. Той не казва, че има много обиталища „на Небето", а „в дома на Отца Ми", защото Той може да нарече Бога „Авва, Отче" чрез делото на святата кръв на Исус.

Господ винаги се застъпва за нас. Той ревностно се моли пред Божия трон, без да яде и да пие (Матей 26:29). Той се моли да спечелим в култивацията на човечеството на тази земя и да разкрием Божията слава чрез просперирането на душите ни.

Освен това, Той ще продължи да работи за нас, след Съда на великия бял трон, когато завърши култивацията на човечеството. Съдът ще отсъди за всеки без ни най-малка грешка за всичко, което е направил. Господ ще бъде застъпник за Божите деца и ще се моли с думите: „Аз измих греховете им с Моята кръв", за да получат по-добри обиталища и награди на Небето. Той дошъл на тази земя и изпитал лично всичко, през което минават хората, затова ще говори за тях, като защитник. Как можем да разберем изцяло тази любов на Исус?

Бог ни позволява да научим Неговата любов към нас чрез Своя роден Син Исус Христос. Това е любовта, с която Исус не пожалил дори последната Си капка кръв за нас. Това е безусловна и неизменна любов, с която Той ще прости седемдесет пъти по седем. Кой може да ни отдалечи от тази любов?

В Римляни 8:38-39, апостол Павел обявява: *„Понеже съм уверен, че нито смърт, нито живот, нито ангели, нито власти, нито сегашното, нито бъдещето, нито сили, нито височина, нито дълбочина, нито кое да било друго създание ще може да ни отлъчи от Божията любов, която е в Христа Исуса, нашия Господ."*

Апостол Павел осъзнал тази любов на Бога и на Исус и се отказал изцяло от собствения си живот, за да се подчини на Божията воля и да живее като апостол. Освен това, Той не пощадил живота си, за да покръсти неевреите. Той прилагал любовта на Бога, който повел безброй души по пътя на спасението.

Макар и да бил наречен „водач на назарейската ерес", Павел прекарал целия си живот като проповедник. Той проповядвал на целия свят любовта на Бога и на Господ, която е по-дълбока и по-широка от всяка мярка. Моля се в името на Господ да станете истински Божи деца, които изпълняват Закона с любов и да живеете завинаги в най-красивото небесно обиталище – Новия Ерусалим, споделяйки заедно любовта на Бога и на Христос.

Авторът:
Д-р Джейрок Лий

Д-р Джерок Лий е роден в Муан, провинция Джионам, република Корея, през 1943 година. На двадесет години д-р Лий започва да страда от различни нелечими болести и в продължение на седем години живее в очакване на смъртта, без надежда за оздравяване. Един ден, през пролетта на 1974 г., сестра му го завежда в една църква и когато той коленичи да се помоли, живият Бог незабавно го изцелява от всички болести.

От момента в който д-р Лий опознава живия Бог чрез това прекрасно преживяване, той започва да Го обича с цялото си сърце и душа и през 1978 година е призован да стане Божий служител. Моли се пламенно, за да може ясно да разбере и изпълни Божията воля и да се подчинява безпрекословно на Божието слово. През 1982 г. основава Централната църква Манмин в Сеул, Южна Корея, където започват да се извършват безброй Божии дела, включително чудотворни изцеления.

През 1986 г. д-р Лий е ръкоположен за пастор на годишната среща на Святата корейска църква на Исус, а четири години по-късно, през 1990 г., неговите проповеди започват да се излъчват в Австралия, Русия, Филипините и много други страни чрез далекоизточната радиопредавателна компания, азиатската радиостанция и вашингтонското християнско радио.

Три години по-късно, през 1993 г., Централната църква Манмин е избрана от списание Християнски свят (САЩ) като една от 50-те водещи световни църкви и той получава титлата почетен доктор по богословие от Християнския колеж във Флорида, САЩ. През 1996 г. д-р Лий защитава докторат по християнско духовенство от Теологичната семинария Кингсуей, Айова, САЩ.

От 1993 година д-р Лий заема водещо място в световното християнско духовенство чрез участието си в редица международни инициативи в Лос Анжелис, Балтимор и Ню Йорк (САЩ), Танзания, Аржентина, Уганда, Япония, Пакистан, Кения, Филипините, Хондурас, Индия, Русия, Германия, Перу и Демократична република Конго, а през 2002 г. е обявен за «световен пастор» от главните християнски вестници в Корея благодарение на своето участие в различни международни мисии.

От декември, 2017 г. година паството на Централната църква Манмин наброява над 130 000 члена и 11 000 национални и чуждестранни църковни представителства в целия свят. Досега е изпратила повече от 98 мисионери във 26 страни, включително в САЩ, Русия, Германия, Канада, Япония, Китай, Франция, Индия, Кения и много други.

Досега д-р Лий е написал 110 книги, включително бестселърите „Опитване на Вечния Живот преди Смъртта", „Моят Живот, Моята Вяра I и II", „Посланието на Кръста", „Мярката на Вярата", „Небето I и II", „Адът" и „Божията Сила". Книгите му са преведени на повече от 76 езика.

Неговите християнски статии са публикувани в The Hankook Ilbo, The Chosun Ilbo, The JoongAng Daily, The Dong-A Ilbo, The Seoul Shinmun, The Kyunghyang Shinmun, The Korea Economic Daily, The Shisa News и The Christian Press.

Понастоящем Д-р Лий е ръководител на редица мисионерски организации и асоциации. Той е председател на Обединената света църква на Исус Христос, постоянен президент на Световната християнска асоциация за изцеление, основател и председател на съвета на Глобалната християнска мрежа (GCN), основател и председател на съвета на Световната мрежа на християнските лекари (WCDN) и основател и председател на съвета на Международната семинария Манмин (MIS).

Други силни книги от същия автор

Небето I & II

Подробна картина на красивата обител, на която се радват небесните жители и прекрасно описание на различните равнища на небесните царства.

Посланието на Кръста

Мощно пробуждащо послание за всички хора, които са духовно заспали! С тази книга ще разберете защо Христос е единственият Спасител и истинската Божия любов.

Ад

Ревностно послание за цялото човечество от Бога, който не иска нито една душа да попадне в Ада! Ще разкриете жестоката действителност на чистилището и ада, описана за първи път.

Дух, Душа и Тяло I & II

Ръководство за духовно разбиране на духа, душата и тялото, което ни помага да открием какъв вид „същност" сме изградили, за да добием силата да победим тъмнината и да станем хора на духа.

Мярката на Вярата

Каква обител, каква корона и какви награди са запазени за вас на небето? Тази книга дарява с мъдрост и ръководство, за да разберете вярата си и да я направите истинска и всеотдайна.

Пробуди се, Израел

Защо Бог не откъсва поглед от Израел от неговото създаване до наши дни? Какво е Божието провидение за Израел през последните дни, когато очаква Месията?

Моят Живот, Моята Вяра I & II

Силен духовен аромат, извлечен от живота, процъфтял с несравнима любов към Бога сред тъмни вълни, изпитания и дълбоко отчаяние.

Божията Сила

Задължително четиво, което ни ръководи, за да притежаваме истинска вяра и да изпитаме чудната сила на Бога.

www.urimbooks.com

www.ingramcontent.com/pod-product-compliance
Lightning Source LLC
LaVergne TN
LVHW041805060526
838201LV00046B/1138